d

Loriot
und
die Künste

*Eine Chronik
unerhörter Begebenheiten
aus dem Leben
des Vicco von Bülow
zu seinem 80. Geburtstag*

*Herausgegeben
von
Daniel Keel*

Diogenes

Unter Mitarbeit von
Isabelle Vonlanthen, Gesine Treptow,
Susanne Dorn und Silvia Zanovello
Ein Nachweis aller Texte
findet sich am Schluß des Bandes
Umschlagillustration:
›Le Loriot‹. Dieser Vogel (aus einem
französischen zoologischen Werk
des 18. Jahrhunderts) heißt
hierzulande ›Pirol‹ und ist Teil
des Familienwappens
derer von Bülow

Inhalt

Zum Geleit

Lieber Vicco

Warum feiern wir nicht noch einmal Deinen 70.? – Das wäre doch einfacher und sympathischer. Der Jubilar immerhin 10 Jahre jünger, und wir wüßten schon, wie so etwas abzulaufen hat. Niemand wird den Schwindel bemerken. Der moderne Mensch ist flüchtig und vergeßlich. Man könnte aber auch den 80. und den 90. zusammenlegen. Dann hätten wir, die wir beide nicht unbedingt zum Feiern geboren sind, bis zum 100. Ruhe, also ganze 20 Jahre!

Was meinst Du? Bedenke doch diese Möglichkeiten mit Deiner Dir eigenen Besonnenheit, und laß mich bald wissen, für welche Du Dich entschieden hast. So können wir die nötigen Vorbereitungen zu einem Deiner würdigen Feste rechtzeitig in die Wege leiten...«

Diesen Brief mit Vorschlägen zur Bewältigung Deines 80. habe ich Dir letztes Jahr geschrieben. Du hast nie geantwortet. Wahrscheinlich, weil ich nie gewagt habe, den Brief abzuschicken. Der 12. November 2003 naht unaufhaltsam, und die letztes Jahr vorgeschlagenen Möglichkeiten, diesen Geburtstag ohne allzu großen Streß für alle Beteiligten abzuwickeln, haben sich als schwer durchführbar erwiesen. Zum ersten und letzten Mal mache ich hier etwas ohne Deine Billigung, weil ich weiß, daß Du es sonst verhindert hättest: Ich habe mich der guten alten Tradition, eine Festschrift zu machen, erinnert und eine Anzahl aufschlußreicher Texte von Dir und über Dich zusammengetragen, die eine Art Chronik »sich ereigneter unerhörter Begebenheiten« bilden.

Mit diesen Worten definierte Kollege Goethe die Literaturgattung der Novelle, und als nichts anderes als eine äußerst ereignisreiche Novelle erscheint mir heute Dein Leben.

Dein von Voltaire hochverehrter Landsmann Friedrich der Große hatte eine verblüffende Vision, als er 1737 in einem Brief an Obigen folgende Bemerkung über die Deutschen machte: »Ihre Bücher sind von betäubender Konfusion. Wenn man ihre Schwere behöbe und sie ein wenig mit den Grazien aussöhnen könnte, so zweifelte ich nicht daran, daß auch meine Nation bedeutende Gestalten hervorzubringen vermöchte.«

Über 200 Jahre später verkörperst Du, lieber Vicco,

als eine dieser seltenen Gestalten die Visionen Deines Landsmannes. Du hast die deutsche Sprache, den deutschen Humor und damit den deutschen Menschen verändert, veredelt.

Was wäre Deutschland ohne Loriot? Es wäre wie Bayreuth ohne Wagner. Wie ein einsichtiger Kritiker einmal sagte, bist Du längst »nationales Allgemeingut wie Schiller und Goethe«.

Für Preußen, den Rest Deutschlands und für unseren Verlag bin ich froh, daß das so gekommen ist.

Für Deine gewaltigen, sagenhaften künstlerischen Leistungen danke ich Dir von Herzen.

Dein alter Freund und Verleger Daniel

Manuel Gasser
Glückwünsche
eines heimlichen Bewunderers

Lieber Herr Loriot,

ich habe nicht das Vergnügen, Sie persönlich zu kennen, und da ich kein Fernsehgerät besitze, ist mir Ihre äußere Erscheinung lediglich aus Bildern in Büchern und Zeitschriften vertraut. Ihre Zeichnungen und Texte aber verfolge ich seit jeher mit gespannter Aufmerksamkeit und mit Sympathie. Weshalb ich Ihnen zu Ihrem Geburtstag herzlich alles Gute und Schöne wünsche.

Mit Genugtuung ersehe ich aus den Bestseller-Listen, daß Ihre Arbeiten nicht nur bei kritischen Betrachtern (zu denen ich mich zähle), sondern auch beim naiv genießenden, breiten Publikum lebhaften Zuspruch finden. Dieses Einverständnis ganz verschieden gearteter Konsumentenkreise ist ein Phänomen, das des Nachdenkens wert ist. Denn was immer Sie zu Papier bringen, dreht sich um eine Figur, die weder liebens- noch hassenswert ist und mit der sich zu identifizieren niemand Lust verspürt: den Durchschnittsbürger. Und Ihre Bilder und Bildgeschichten haben als Schauplatz die Welt des unteren Mittelstandes, wo Autos, TV, Parties, Gruppenreisen, Illustriertenklatsch und dergleichen Eitelkeiten mehr Trumpf sind, und spielen so in einer Lebensluft, die keinem erstrebenswert ist.

Und dennoch dieser Erfolg! Dieser von Millionen mit Wonne befolgte Zwang, jeden Ihrer Einfälle zur Kenntnis zu nehmen. Dieses auch nach Jahr und Tag nicht erlahmende Interesse an den Eskapaden und Mißgeschicken Ihrer hoffnungslos durchschnittlichen Figuren.

Des Rätsels Lösung scheint mir bei der Tatsache zu liegen, daß infolge der allgemeinen und schon fast totalen Nivellierung Bezeichnungen wie »unterer Mittelstand« jeden Sinn verloren haben; daß es in Ermangelung eines echten Oben und Unten den Durchschnitt gar nicht mehr gibt. Wir sitzen alle in einem Boot, die geheimen Wünsche und Laster des Wirtschaftsmagnaten unterscheiden sich nicht wesentlich von denjenigen seines kleinsten Angestellten, und die Gemahlin des ersteren hängt ihr Herz an die genau gleichen Dinge wie die Frau des letzteren. Woraus folgt, daß die Zielscheiben auswechselbar sind, daß immer dann, wenn Sie ins Schwarze treffen, nicht nur der kleine Mann mit der Knollennase, sondern jedermann betroffen ist. Und ins Schwarze treffen Sie so gut wie jedesmal. Das können Sie nicht nur von der Treue Ihrer Verehrer, sondern auch von der Ungehaltenheit jener Kritiker ablesen, die Ihnen Mangel an *sophistication* vorwerfen.

Nun, den Artikel *sophistication* – ich finde mit dem besten Willen keinen deutschen Ausdruck für das Wort! – gibt es in verschiedenen Ausführungen, und von den heutigen Karikaturisten wird er auf mannigfachste Art eingesetzt. Den einen dient er zu höllischen Späßen, die einem den Atem verschlagen und die man doch nicht missen möchte. Andere präsentieren ihn gewissermaßen im Ur- und Rohzustand, und auch das kann höchstes geistiges Vergnügen bedeuten. Sie, lieber Herr Loriot, sehen in der *sophistication* eine Art rares Gewürz, das man mit Bedacht verwenden und vorsichtig dosieren muß. Denn Gewürze, das weiß jeder Koch, dürfen nicht dominieren, sollen sich nur dem Kenner verraten. Und ein Bewunderer und Kenner Ihrer Kunst glaube ich mit den Jahren geworden zu sein.

Herzlich
Ihr Manuel Gasser

Patrick Süskind

Loriot und das Komische

Loriots diverse Werke sind millionenfach in Periodika erschienen, als Bücher verbreitet, als Fernsehsketche, als Filme zu sehen, als Schallplatten zu hören, sie sind im Theater ebenso präsent wie auf der Opernbühne oder im Konzertsaal, wir finden sie als Karten in der Hand des Skatspielers, und schließlich hat sich sogar das Kitschgewerbe mancher Loriotscher Schöpfungen bemächtigt, um sie als Imitationen in Form von Kuscheltieren, Schlüsselanhängern und Marzipanfiguren unter die Leute zu bringen.

Auch die Person des Künstlers braucht dem Publikum eigentlich nicht mehr vorgestellt zu werden. Legion sind die Artikel über Loriot als Zeichner, als Schriftsteller, als Dramatiker, als Schauspieler, als Regisseur, über Loriots Erfolg, Loriots Herkunft, Loriots Hunde, Loriot privat etc., etc. Vor allem aber hat Loriot nie große Scheu gezeigt, sich der Öffentlichkeit selbst zu präsentieren, sei es in Dutzenden von Masken und Verkleidungen – vom Jungfilmer bis

15

zum Tattergreis –, als Hauptdarsteller seiner eigenen Filme, als Zirkusdompteur, als Dirigent und gar, via Schallplatte, als singender Hund – sei es mehr oder weniger ungeschminkt auf einem roten Sofa sitzend, in Talk-Shows und Interviews Rede und Antwort stehend und in dem teilweise autobiographischen Werk *Möpse & Menschen,* ganz zu schweigen von jener apotheotischen Sendung zu seinem sechzigsten Geburtstag, die er sowohl als Laureat wie als Laudator im Auftrag des Fernsehens selbst zu gestalten hatte.

Was ich an Loriot mag, ist seine Intelligenz. Was ich am meisten an seinem Werk bewundere, ist die Art, wie gut alles *gemacht* ist – wie gut es *gearbeitet* ist, hätte ich beinahe gesagt, als wäre er ein Handwerker, ein Goldschmied etwa –, und meine damit nicht einen Oberflächenglanz, sondern das Wohldurchdachte, das durch und durch Ausgetüftelte, das mit Raffinement und größter Sorgfalt Erzeugte seiner Produktion.

Dürrenmatt hat einmal geäußert, kreative Phantasie arbeite durch ein Zusammenwirken von Erinnerungen, Assoziation und Logik. An dieser Definition fällt neben der Erwähnung des Wortes »arbeiten« auf, daß sie ohne Begriffe wie »Inspiration«, »Einfall«, »Idee«, »Anregung« etc. auskommt und die Betonung auf die strengeren intellektuellen Disziplinen legt. Sie paßt nicht schlecht zur Beschreibung des Loriotschen

Schaffens. Damit soll nun um Gottes willen nicht gesagt sein, daß Loriot keine Einfälle oder originellen Ideen hätte – das Gegenteil ist wahr! –, sondern daß Ideen und Einfälle, vor allem potentiell komische, keinen Pfifferling wert sind, solange sie nicht durch höchste Kunstfertigkeit und intellektuelle Strenge zur Geltung gebracht werden. Zum Beispiel:

Wer von uns hätte nicht schon einmal bei Tisch einem Menschen gegenübergesessen, dem ein Speiserest im Gesicht klebengeblieben ist, und wer hätte dieses Mißgeschick womöglich nicht auch für ein wenig lächerlich oder potentiell komisch gehalten? Gleichwohl wüßte ich niemand, der in der Lage wäre, diese Beobachtung, diese Idee, diesen Einfall – oder wie immer man es nennen will – zu einer so hinreißend komischen Szene zu steigern, wie es Loriot in dem Sketch *Spaghetti* gelingt, nicht nur, indem er den Speiserest – ein Stückchen Nudel im Mundwinkel eines Herrn – konterkariert durch eine Liebeserklärung, die der nämliche Herr an die ihm gegenübersitzende Dame richtet, sondern indem er, gleich zu Beginn der Szene, das widrige Nudelstückchen durch eine Bemerkung der Dame (»Sie haben da was am Mund…«) und ein Serviettenwischen des Herrn scheinbar endgültig aus dem Spiel schafft, um es freilich sogleich wieder durch eine erneute Ungeschicklichkeit des

Herrn auf dessen Oberlippe zu plazieren, mit dem Ergebnis – und ich kann diesen Kunstgriff gar nicht genug bewundern –, daß die bereits schon einmal inkriminierte Nudel von nun an nicht mehr zur Sprache gebracht werden kann, sich von einem nebensächlichen, allenfalls lächerlich-ekligen Detail zu einem zentralen anstößigen Accessoire verwandelt, das zum wachsenden Entsetzen der Dame und zum Vergnügen des Zuschauers, auf die groteskeste, dabei aber glaubwürdigste Weise durch allerlei Zufälligkeiten bewegt, von der Lippe zum Auge, von dort zur Nase, zum Kinn und zum Zeigefinger des ahnungslos werbenden Galans wandern kann, ehe es, mitsamt allen seinen Hoffnungen, jemals erhört zu werden, in einer Tasse Kaffee ertrinkt...

Besser kann man's nicht machen. Und wenn einer in diesem Zusammenhang von Genialität sprechen wollte, so liegt sie meines Erachtens weit eher in der Durchführung der Szene, etwa in dem geschilderten kleinen Kunstgriff, als in der Grundidee.

Loriot ist ein scharfer Beobachter. Viele seiner Szenen leben von einem Hintergrund akkuratester Realitätsnähe. Diverse Personen hat er bis zur Verwechselbarkeit genau imitiert. Seine Komik ist indessen auf direkte Beobachtung nicht angewiesen. Loriots Geschöpfe brauchen mit der Realität unserer heutigen

Welt rein gar nichts zu tun zu haben, sie können Stresemann und Strumpfhalter tragen, völlig antiquierte Automobile fahren, im Mobiliar des 19. Jahrhunderts agieren und eine Sprache sprechen, die allenfalls noch in der Tanzstunde Verwendung findet – die Komik funktioniert dennoch. Auch in seinen Filmen gelingt es ihm, eine Welt der Konventionen und Tabus künstlich zu errichten, uns glauben zu machen, es sei die unsere, um sich dann an ihr zu vergehen und daraus komischen Honig zu saugen.

Das Ganze dient, so scheint mir, zunächst einmal nicht einem dritten Zweck. Loriot wollte mit seinem Film *Ödipussi* gewiß nicht einen bahnbrechenden Beitrag zur Erhellung des klassischen Mutter-Sohn-Konflikts liefern oder in *Pappa ante portas* auf exemplarische Weise Ehe- und Familienprobleme abhandeln. Ich glaube auch nicht, daß seine frühen Cartoons darauf abzielen, das deutsche Spießertum der fünfziger und sechziger Jahre bloßzustellen; und wenn Loriot in der Maske eines Klaviertransporteurs nach einer Fliege schlägt und dadurch als mißverstandener Dirigent mit den Berliner Philharmonikern die *Coriolan*-Ouvertüre in Gang setzt, so werden damit, scheint mir, weder Beethoven noch das Berliner Philharmonische Orchester, noch dessen damaliger Chefdirigent, noch der Musikbetrieb im allgemeinen oder die Innung der Klaviertransporteure im besonderen auf die Schippe genommen – nein, sondern es ereignet sich Komik pur. Oder was ist es anderes als reine, geradezu an schönste Alberei grenzende Komik, wenn uns Loriot das Rezept für Gürteltierklöße oder Bauernomelette (»Ein bis zwei zarte Landwirte werden durch ein feines Sieb gestrichen ...«) verrät? Man wende nicht ein, hier handle es sich um eine satirische Kritik an der Freßwelle der achtziger Jahre. Ich glaube keine Sekunde daran. Eigentlich handelt es sich nicht einmal um eine wirkliche Kochbuchpersiflage, denn zur Persiflage gehört der Vorsatz der Verspottung. Zwar bedient sich Loriot bei seinen Rezepten der Kochbuchsprache, nicht aber um gegen Kochbücher und verfeinerte Eßkultur zu Felde zu ziehen, sondern weil die Kochbuchsprache relativ streng kodifiziert ist und es ihm daher ermöglicht, durch die Hinzufügung kontrastierender Ingredienzien, wie etwa »zweier zarter Landwirte«, ein komisches Gefälle entstehen zu lassen.

Ich weiß, man könnte Gegenbeispiele anführen. Etwa das wunderbar gemeine, pervers-komische Adventsgedicht, das auf scheinheilig niedliche Weise schildert, wie eine Försterin zur Weihnachtszeit ihren Mann abschlachtet und portionsweise in Geschenkpapier verpackt. Wer dieses Gedicht einmal gelesen oder vortragen gehört hat, wird bis ans Ende seines Lebens nicht mehr in der Lage sein, unbefangen *Stille Nacht, heilige Nacht* zu singen. Also doch eine kritische Satire, die eine verlogen-romantische Weihnachtsseligkeit anprangerte oder sich gar an religiösen Gefühlen verginge? So wurde das Gedicht in der Tat nach seiner ersten Verbreitung im Fernsehen von manchen Kreisen verstanden, was zu einiger Aufregung im Rundfunkrat und zu einer Anfrage im Deutschen Bundestag führte. Und dennoch glaube ich, daß selbst in diesem zugegebenermaßen hinterhältig boshaften Gedicht das Kritische höchstens einen Nebeneffekt darstellt, einen notgedrungen in Kauf genommenen Nebeneffekt, und daß der Hauptzweck die Herstellung von Komik ist – was ja auch auf glänzende Weise gelingt. Loriot bedient sich nicht komischer Mittel, um gesellschaftliche Zustände und menschliche Verhaltensweisen zu beschreiben oder zu kritisieren, sondern er verwendet (unter anderem) gesellschaftliche und individuelle Gegebenheiten, um Komik zu erzeugen. Dies gilt für sein gesamtes Werk mit der möglichen Ausnahme einer Reihe von Sketchen und Szenen, die das (unmögliche) Zusammenleben von Mann und Frau zum Thema haben und in denen Loriot uns von seiner These zu überzeugen sucht, daß »Männer und Frauen einfach nicht zusammenpassen«. Cum grano salis aber läßt sich sagen: Für Loriot ist das Komische nicht Mittel, sondern Zweck – und genau das wurde ihm oft von Kritikern zum Vorwurf gemacht. Seine Kunst wolle nichts erreichen, hieß es, sie stehe nicht im Dienst einer Sache und sei daher unverbindlich, denn er wolle ja *immer nur komisch* sein.

In der Tat, Loriot will komisch sein. Und im Gegensatz zu vielen anderen, die das auch wollen, gelingt es ihm ein ums andere Mal mit dem größten Erfolg. Was aber ist falsch daran? Wo liegt eigentlich der Vorwurf? Ebensogut könnte man kritisch feststellen, daß Loriot nicht Karl Kraus ist, und auch nicht Daumier und auch nicht Aristophanes. Wohl wahr...

In einer seiner schönsten Reden, gehalten 1988 aus Anlaß des 60. Geburtstags des Münchener Literatur- und Musikkritikers Joachim Kaiser, schreibt Loriot, sich direkt an den Jubilar wendend:

Ich werde nicht müde, Dir zuzuhören. Du bist einer von den wenigen, die ich gern in meiner Nähe wüßte, wenn unser Planet ganz unerwartet detonierte. Du würdest, mit verschränkten Armen lauschend, den Kopf zunächst zurück-, dann schräg nach vorn geneigt, die Spontaneität der rauschhaften 64stel durchaus als Gewinn betrachten, den e-moll-Gedanken im Es-Dur-Kosmos aber eben doch vermissen, zumal die erhofften Presto-Träume trotz ungewöhnlich groß angelegter Durchführung leider nicht stattgefunden hätten. Schöne

Momente also, aber kein Ereignis ... Ich wüßte nicht, was tröstlicher wäre.

Was für ein Kompliment!

Wir scheuen uns, die Apokalypse zu beschwören, aber auf analoge Weise wollen wir auch Loriots Kunst rühmen: Sie hat etwas Begleitendes und in ihrer unbedingten Komik Erleichterndes. Gleichviel, ob der Welt zugewandt oder abgewandt, versucht sie, uns vor den Zumutungen des Lebens in Schutz zu nehmen. Sie stellt sich zwischen uns und die Welt. Sie schafft Distanz.

Wäre sie darum eskapistisch oder gar zynisch zu nennen? Man bedenke, daß Loriot einer Generation angehört, die sich von der Schulbank weg – in seinem Falle einer humanistischen Schulbank, auf der man ihn die Ideale des Guten, Schönen und Wahren gelehrt hatte – von einem Regime, das die Inkarnation des Schlechten, des Häßlichen und der Lüge war, mehr oder weniger freiwillig und frohgemut in einen Krieg hat schicken lassen, der ihr vier Jahre lang die Brutalität, Monstrosität und Absurdität menschlicher Existenz vor Augen führte! Wer solches erlebt und wohl nur aufgrund der Willkür des Zufalls überlebt hat, der kann in gewissem Sinne die Welt nicht mehr ernst nehmen. Er muß nicht unbedingt zum Zyniker werden, aber ein bestimmtes Maß an Distanzierung wird ihm lebensnotwendig bleiben, und wenn ihm Mutterwitz oder, wie im vorliegenden Fall, Vaterwitz mitgegeben war, dann wird er sich dieses Witzes bedienen, um sich die Welt vom Leibe zu halten und um zugleich, für einen komischen Moment lang, die Distanz zur Welt zu überbrücken.

Scheinbar leichter Hand, in Wahrheit aber in verzweifelter Anstrengung gewinnt Loriot der Welt das Komische ab und beweist damit sich und uns, daß sie vielleicht nicht vollkommen sinnlos ist. Insofern hat seine komische Kunst eben doch einen Zweck, der über sie selbst hinausweist: Sie ist in der Tat tröstlich.

Und als tröstlich empfinde ich auch die bloße Existenz dieses Mannes mit seinen listigen Augen und dem zurückhaltenden Lächeln, von dem man nie genau weiß, ob es spöttisch, ironisch oder einfach freundlich ist.

Loriot

Das Frühstücksei

Das Ehepaar sitzt am Frühstückstisch. Der Ehemann hat sein Ei geöffnet und beginnt nach einer längeren Denkpause das Gespräch.

ER Berta!

SIE Ja...

ER Das Ei ist hart!

SIE *(schweigt)*

ER Das Ei ist hart!

SIE Ich habe es gehört...

ER Wie lange hat das Ei denn gekocht...

SIE Zu viel Eier sind gar nicht gesund...

ER Ich meine, wie lange dieses Ei gekocht hat...

SIE Du willst es doch immer viereinhalb Minuten haben...

ER Das weiß ich...

SIE Was fragst du denn dann?

ER Weil dieses Ei nicht viereinhalb Minuten gekocht haben *kann!*

SIE Ich koche es aber jeden Morgen viereinhalb Minuten!

ER Wieso ist es dann mal zu hart und mal zu weich?

SIE Ich weiß es nicht... ich bin kein Huhn!

ER Ach!... Und woher weißt du, wann das Ei gut ist?

SIE Ich nehme es nach viereinhalb Minuten heraus, mein Gott!

ER Nach der Uhr oder wie?

SIE Nach Gefühl... eine Hausfrau hat das im Gefühl...

ER Im Gefühl?... Was hast du im Gefühl?

SIE Ich habe es im Gefühl, wenn das Ei weich ist...

ER Aber es ist hart... vielleicht stimmt da mit deinem Gefühl was nicht...

SIE Mit meinem Gefühl stimmt was nicht? Ich stehe den ganzen Tag in der Küche, mache die Wäsche, bring deine Sachen in Ordnung, mache die Wohnung gemütlich, ärgere mich mit den Kindern rum, und du sagst, mit meinem Gefühl stimmt was nicht!?

ER Jaja... jaja... jaja... wenn ein Ei nach Gefühl kocht, dann kocht es eben nur *zufällig* genau viereinhalb Minuten!

SIE Es kann dir doch ganz egal sein, ob das Ei *zufällig* viereinhalb Minuten kocht... Hauptsache, es *kocht* viereinhalb Minuten!

ER Ich hätte nur gern ein weiches Ei und nicht ein *zufällig* weiches Ei! Es ist mir egal, wie lange es kocht!

SIE Aha! Das ist dir egal... es ist dir also egal, ob ich viereinhalb Minuten in der Küche schufte!

ER Nein-nein...

SIE Aber es ist *nicht* egal... das Ei *muß* nämlich viereinhalb Minuten kochen...

ER Das habe ich doch gesagt...

SIE Aber eben hast du doch gesagt, es ist dir egal!

ER Ich hätte nur gern ein weiches Ei...

SIE Gott, was sind Männer primitiv!

ER *(düster vor sich hin)* Ich bringe sie um... morgen bringe ich sie um...

Angelika v. Bülow

»Alle Diemirs sind verwandt«

Sind Sie mit Loriot verwandt?« – diesen Satz kennt jede(r) Bülow hierzulande. Die Frage kann immer mit gutem Gewissen bejaht werden. Denn den Bülows geht es wie den Diemirs. Sie kennen die Diemirs nicht? Also, Cousine Alexandra v. Bülow betete immer als Kind »Alle Diemirs sind verwandt« (statt »alle, die mir sind verwandt«). Das wurde zum geflügelten Wort in der Familie, und so sind auch alle Bülows (von Herzen gerne) mit Loriot verwandt.

Die Mitglieder der weitverzweigten Sippe bewundern ihn nicht weniger als die meisten anderen Bundesbürger. »Er ist da«, raunt es beim Familientag durch die Gänge des jeweiligen Hotels, und nach dem festlichen Dinner schleichen mehr oder weniger unauffällig distinguierte Herren im Smoking, würdige Damen in Abendrobe zum Ehrentisch, zücken Papierservietten, Bierdeckel oder hastig herausgerissene Notizzettel und halten sie Loriot hin. Und der zeichnet und signiert, obwohl er vermutlich viel lieber seine Ruhe hätte.

70 Jahre Vicco v. Bülow, da gab es verhältnismäßig wenig Ruhe, zu sehr trieb das Leben ihn um – oder er sich selber. 1923 erblickt Bernhard Victor in Brandenburg das Licht der Welt, ein Jahr später kommt Brüderchen Johann-Albrecht nach.

Seine erste Erinnerung hat Vicco an »die rote Ziegelmauer einer Kaserne«. Als Dreikäsehoch tastet er sich an ihr entlang und schaut dem Wachmann zu, der Meldung machen muß. Auch ein weißer Teddy aus dem Kaufhaus Flakowski hat sich ihm eingeprägt. Ihm setzt er später in seinem Buch *Möpse und Menschen* ein Denkmal. Die Möpse kommen übrigens viel später, Ende der sechziger Jahre geht Loriots Frau Romi in Starnberg einkaufen und sieht 25 Möpse in einem Wagen. Es ist um sie geschehen und später um die ganze Familie, die nun immer neue der »liebenswerten und witzigen« Vierbeiner beherbergt.

Aber zurück zur Kindheit. Als Vicco drei ist, zieht die Familie um nach Berlin, das für ihn auch heute noch »Heimat« bedeutet, wenngleich er sich seit 30 Jahren in Bayern wohl fühlt. 1929 geschieht Schreckliches: Mutter Charlotte stirbt. »Ich habe«, sagt Bülow, »nur wenige, aber sehr deutliche Erinnerungen an sie.«

Viel stärker haben sich jedoch die beiden Frauen eingeprägt, die ihn von nun an aufziehen. Großmutter Bülow und die Urgroßmutter, die eine Jahrgang 1855, die andere 1875. Bei ihnen saugt er die Gedankenwelt des 19. Jahrhunderts auf. »Wir sind ja alle Kinder des 19. Jahrhunderts«, sagt er, »für andere mag das eine Frage der Bildung sein, für mich ist es auch eine Frage der Atmosphäre.«

In einer Zeit, »wenn Kinder träumen«, hat er zwei Berufsziele. Farmer in Afrika will er werden oder, besser noch, Milchmann. Denn der kann mit einem Pferdewagen durch die Straßen fahren. Vicco und sein Bruder springen in Berlin oftmals heimlich auf und drehen eine Runde mit.

Ende der dreißiger Jahre ziehen die Bülows, inzwischen um eine Stiefmutter bereichert, nach Stuttgart. Die Nazis beherrschen Deutschland. Bei den Bülows sind sie, »wie bei allen alten Offiziersfamilien«, sehr unbeliebt. Wie schrecklich diese Emporkömmlinge aber in Wirklichkeit sind, das merkt der 14jährige Vicco in der »Reichskristallnacht«. Er ist entsetzt, »daß so etwas geschehen kann und niemand eingreift«. Mit einem Freund geht er durch Stuttgarts Straßen und macht seiner Empörung lautstark Luft. Und er begreift nicht, warum Passanten ihn warnen, er solle »die Klappe halten«…

Birgit Lahann

Mein Abitur

Am 18. Februar 1943 verkündet Joseph Goebbels im Berliner Sportpalast den »totalen Krieg«. Einen Monat später wird dieser zum Prüfungsthema für Abiturienten…

Im Herbst 1941 sitzen Primaner des Humanistischen Eberhard-Ludwigs-Gymnasiums in Stuttgart auf den Grabsteinen eines Friedhofs und deklamieren griechische Verse und Ovids *Metamorphosen:* »Ehe es Meer, Land und den Himmel gab, der alles umschließt, hatte die ganze Natur ringsum einerlei Aussehen; man nannte es Chaos…«

Einer der jungen Männer, die da an Kreuzen lehnen und deklamieren, ist Bernhard Victor v. Bülow, der sich später nach dem Wappentier seiner Familie nennt, dem Pirol, im Volksmund auch nach seinem Ruf »Bülow« genannt, in Frankreich »Loriot«.

1941 bereitet sich der ernste Jüngling aufs Abitur vor. Daß er Lust hat zu lernen, daß er die Schulzeit als

»ausgesprochen schön« empfindet, liegt an den Lehrern. Sie sind Humanisten, keine Nazis. »Mein Griechisch- und Deutschlehrer«, sagt Bülow heute, »riskierte Kopf und Kragen mit seinen Aussprüchen über Hitler, Goebbels und Göring.«

Als die Heeresgruppen Süd und Mitte Kiew einnehmen, als die Panzerverbände auf Moskau zurollen, als die ersten Häftlinge in Auschwitz vergast werden, gehen Vicco und seine Freunde nach der Schule in die Wohnung ihres Deutschlehrers und besuchen bei ihm freiwillig einen Philosophie-Kurs.

Von NS-Literatur im Unterricht keine Rede. Sie lesen nicht Grimm und Griese, sie lesen Goethe und Schiller, Homer und Ovid. Einmal stürmen ss-Leute mit »Heil Hitler!« in die Klasse. Sie inspizieren den Abitur-Jahrgang nach »Offizier-Material«. Die Primaner sind wie versteinert. »Wir waren Äonen von dem entfernt, was die Nazis wollten«, sagt Bülow. »Wir waren vollkommen unberührt von dem, was sie predigten.«

In diesem humanistischen Wolkenkuckucksheim macht der junge Mann mit 18 im März 1942 das Notabitur. Hitler braucht Soldaten für die Front. Den Primanern wird die schriftliche Prüfung erlassen. Was sollen sie ihre Kräfte für die Griechen einsetzen, wenn die Russen vorrücken und das Ostheer in einem verheerenden Zustand ist.

Vicco v. Bülow erhält einen »Reifevermerk«. Und aus. Das war's. Keine Feier, keine Freude über ein bestandenes Examen. Aber Angst. »Das war das Ende der Kindheit«, sagt er. »Das war das Ende des Lebens – vielleicht.« Absurderweise stört es sie nicht, daß sie nun mit denen in den Krieg ziehen, für die sie nur Arroganz, Hochmut und Abscheu übrig haben: die Nazis. »Aber so sahen wir das nicht«, sagt Bülow heute. »Das war schizophren.« Sie grüßen mit der Hand an der Mütze, auch noch nach dem 20. Juli 1944, als der Hitler-Gruß Pflicht wird. »Darauf waren wir stolz und eingebildet.« Sie hatten Glück, daß sie keinen Abituraufsatz schreiben mußten. Denn das Thema der Zeit – »Der totale Krieg« – will Bekenntnisse zum Dritten Reich.

Er kommt in den Osten, zur Offensive im Kaukasus. Als der Leutnant v. Bülow drei Jahre später aus dem Krieg zurückkehrt, muß er das Abitur nachmachen. Notabiture gelten nicht mehr. »Da waren wir so weit weg von der Literatur, so ungelenk und ungeübt.« Er wohnt im niedersächsischen Markoldendorf. Er arbeitet dort als Holzfäller. Mit der Bahn fährt er täglich zum Unterricht nach Northeim, seine Fächer sind Deutsch, Mathematik, Englisch.

Im Oktober 1946, als im Nürnberger Prozeß die Angeklagten Göring, Frank, Frick, Jodl, Kaltenbrunner, Keitel, Ribbentrop, Rosenberg, Sauckel, Seyß-Inquart und Streicher zum Tode verurteilt werden, korrigiert der 23jährige Bülow ganz einfach das gestellte Abiturthema. Schreibt nicht über Goethe, wie er soll, schreibt über Schiller, weil er will. »So lautet das Thema nicht!« wird später mit Rot am Rand stehen. Doch der Lehrer lobt die Gedanken des jungen Heimkehrers.

Der macht am Vormittag die Prüfung, fährt am Mittag nach Markoldendorf zurück, und am Nachmittag fällt er schon wieder Bäume.

Loriot

Mein Lehrer Willem Grimm

Je älter wir werden, desto neugieriger betrachten wir unsere Vergangenheit, desto verwunderter vergleichen wir Zeiten und Räume.

Vieles haben wir verdrängt in eine Art privater Schadstoffdeponie, manches ist abrufbar und dient einem meist amüsierten Blick auf die durcheilten Jahre, und nur ganz wenige Erinnerungen sind immer griffbereit, immer in Benutzung und verlieren nichts von ihrem Glanz. Von einer solchen soll hier die Rede sein. Sie heißt: Willem Grimm.

Im Herbst 1947 waren von meiner heroischen Vergangenheit sechs Paar Socken und einige feldgraue Kleidungsstücke übriggeblieben, die der Verewigung eines vormals großdeutschen Reiches gedient, dieses jedoch überlebt hatten. Sie befanden sich nun in einem Acht-Quadratmeter-Zimmer, das ich von einem Friseurehepaar gemietet hatte. Der den Wohnräumen angeschlossene Damen- und Herrensalon besaß infolge seiner geschäftsgünstigen Lage zwischen Zuchthaus, Nervenklinik und Friedhof einen verläßlichen Kundenkreis.

Ich war 23, und mein einziger, kostbarer Besitz, neben den Lebensmittelkarten, war die Zulassung zum Studium an der Landeskunstschule Hamburg. Die Grimm-Klasse wurde mein Zuhause, mit meinen Freunden und meinem Lehrer Willem Grimm. Das ist nun 37 Jahre her, und ich habe nie aufgehört, ihn zu bewundern.

Er brauchte keinen Auftritt, wenn er in die Klasse kam, er war einfach da. Er verschaffte sich keinen Respekt, er hatte ihn. Einmal in der Woche, ich glaube am Freitag, fand die sogenannte Korrektur statt. An diesem Tage hatten wir uns vollzählig in der Klasse einzufinden und befestigten mit Reißnägeln die Ergebnisse unserer zeichnerischen und malerischen Bemühungen an Stellwänden, um sie kritischer Betrachtung auszusetzen.

Jüngere Kunstschüler haben ein besonders fein entwickeltes Gehör für Kritik. Das mag damit zusammenhängen, daß man dieses Studium ja nicht gewählt hätte, ohne sich, wenn schon nicht für genial, so doch für immens begabt zu halten. Willem Grimm hat die magische Fähigkeit, den Betroffenen fast gänzlich zu verschonen und dennoch eine schwache Stelle empfindlich aufzuspüren.

Ich hatte mich im Tierpark Hagenbeck dem Studium der Tierwelt gewidmet und unter anderem einen Papagei zu Papier gebracht. Eine nichtswürdige Federzeichnung mit leichter Hand in schwarzer Tusche. »Entzückend«, hätte meine Wirtin gesagt. Da hing das Blatt nun an der Wand. Willem Grimm verhielt den Schritt nur leicht, faßte den Papagei sekundenlang ins Auge und sagte im Weitergehen: »Ja, ja, mit dem Strich ist viel Geld zu verdienen...«

Da der Boden der Landeskunstschule sich nicht auftat, durchlitt ich den Augenblick in seiner ganzen Schande. Ich hatte meinen Lehrer verstanden und wohl mehr gelernt als sonst in einem ganzen Semester.

Wir lebten im zerstörten Hamburg, in einer vom Wiederaufbau und materiellen Gewinn faszinierten Umgebung. Aber wir blieben davon seltsam unberührt. Die linearen und malerischen Probleme eines Stillebens waren fesselnder als der schwarze Markt.

Eines Morgens brachte Willem Grimm seinen Plattenspieler in die Klasse. Wir hörten Mozart, Bach und, wie ich glaube, Beethovensche Streichquartette. Willem Grimm genügte es nicht, uns eine gewisse Fertigkeit im Malen und Zeichnen zu vermitteln, als gäbe es nichts anderes auf der Welt.

Es gelang ihm, eine ständige, neugierige Aufregung wachzuhalten, Musik und Literatur wie selbstverständlich in das Ringen gegen eine unproportionierte Aktzeichnung, gegen die Tücken eines in Verwesung übergehenden Stillebens mit Fisch einzubeziehen.

Nun liegt der Verdacht nahe, im Laufe der Jahre habe sich die Gestalt meines Lehrers ganz unzulässig zu einer Art männlicher Marienerscheinung verklärt. So ist es jedoch nicht.

Zum einen steht Willem Grimm gesund und munter unter uns, in seiner ganzen, für mystische Erscheinungen untypischen Diesseitigkeit, zum andern war damals etwas, an das ich mich nur zähneknirschend erinnere, mich also von dem Verdacht der Schönfärberei befreit.

Um es kurz zu machen: Durch die genannten Eigenschaften des Professors wurde den weiblichen Schülern fast zur Gänze der Blick verstellt auf uns, ihre Mitschüler. Nur in zähem Einsatz konnten wir etwas von jener Zuwendung abzweigen, die ihm mühelos zufiel.

Nun sind 37 Jahre vergangen. Wir folgten dem Ruf der Kulturbehörde, der Freien und Hansestadt Hamburg, einer delikat gestalteten Einladung unter dem Geschäftszeichen K43/32-080.5G, um einen Mann zu ehren, der uns, seinen Schülern, den Respekt vor der rechteckigen, weißen Fläche mitgegeben hat und damit das Augenmaß für die Proportionen unseres Lebens.

Ich verneige mich vor unserem Lehrer Willem Grimm in Dankbarkeit und Liebe.

Marion Gräfin Dönhoff

Preußisch
oder Alles aus einem Geiste

Meine Damen und Herren!

Ich weiß nicht, wer die exzentrische Idee hatte, mich zu fragen, ob ich Loriots Ausstellung eröffnen könne und wolle.

Ich könnte ziemlich unschwer, glaube ich, eine Rede auf Bundeskanzler Kohl halten oder auch auf Präsident Clinton, ich würde mir vielleicht sogar zutrauen, die Leistungen Papst Johannes Paul II. zu analysieren – aber Loriots Werke zu würdigen, diese Vielfalt verschiedenster künstlerischer Äußerungen eines in seiner Vielseitigkeit ganz und gar einzigartigen Mannes...?

Natürlich hätte ich sagen können: »Nein, das traue ich mir nicht zu«, aber daran hat mich ein Umstand gehindert: Es war für mich nämlich unglaublich faszinierend, über einen Künstler nachzudenken und zu reden, der – gleich mir – Preußen als seine geistige Heimat betrachtet.

Dieses verwandtschaftliche Gefühl Loriot gegenüber – der als Vicco v. Bülow geboren wurde – hat nichts mit adeligem Hintergrund zu tun, sondern wirklich einzig und allein mit dem Wesen Preußens. Mit dem wirklichen Preußen, nicht mit den pervertierten Begriffen, die der geschichtlich Unkundige gern als typisch preußisch bezeichnet: Knobelbecher, martialische Reden und Gesten, burleske Arroganz des Gernegroß. Das sind in der Tat häufig genug Charakteristika der ersten Jahrzehnte dieses Jahrhunderts gewesen. Zuvor aber war davon keine Rede.

Und daß die Nazis, die dann kamen, keine Preußen waren, das wird schon daran deutlich, daß unter den zehn ersten führenden Nationalsozialisten kein einziger Preuße war, dagegen sind 75 Prozent der nach dem 20. Juli 1944 Hingerichteten Preußen gewesen. Während des 18. Jahrhunderts, das sollte nicht vergessen werden, und auch noch in der ersten Hälfte des 19. Jahrhunderts war Preußen das fortschrittlichste Land in Europa.

Erlauben Sie mir bitte noch ein paar Sätze zu diesem Thema, weil es im Zusammenhang mit Loriot so wichtig ist; was übrigens einigermaßen merkwürdig ist, denn Loriot ist, wenn man für seine Pluralität unbedingt einen Gattungsbegriff finden will, ein Humorist und nicht ein Philosoph oder Pädagoge, die viel eher in Preußen anzutreffen waren.

Was also war das wirkliche Preußen – was sind seine besonderen Charakteristika gewesen? Preußen kam im absolutistischen 18. Jahrhundert in Europa dem, was ein Rechtsstaat ist, verhältnismäßig nah. Das preußische Landrecht, unter Friedrich dem Großen erarbeitet und 1794 verkündet, gilt allenthalben als das fortschrittlichste Recht der damaligen Zeit. Friedrich der Große war übrigens der erste, der den Mut hatte, mit den rebellischen Staaten von Amerika, die ihre Trennung von den europäischen Mächten erklärt hatten, einen Vertrag abzuschließen.

Mit Preußen verbindet sich die Vorstellung von Sparsamkeit, Selbstdisziplin, Konzentration auf das Ganze und ein gewisser Hang zum Perfektionismus. Mir scheint, daß es diese Eigenschaften sind, die Loriot zu dem Genie gemacht haben, das wir alle kennen. Es war nämlich nicht eine bewußte Berufswahl, die ihn zum Cartoonisten machte, sondern es waren vielmehr Armut und Fleiß.

Als der junge Oberleutnant eines Panzergrenadierregiments aus dem Krieg zurückkam, hatte er nichts und konnte eigentlich auch nichts; gewiß, ein bißchen zeichnen, aber wie sollte man in einer Gesellschaft der Armut davon leben können? Also schlug er sich erst mal als Holzfäller durch.

Dann wurde es möglich, drei Jahre unter Willem

Grimm und Alfred Mahlau an der Landeskunstschule in Hamburg zu lernen und nebenbei mit Karikaturen etwas Geld zu verdienen. Daraus wurde in den fünfziger Jahren eine feste Anstellung bei *Stern* und *Quick:* Das Männlein mit der Knollennase wurde geboren. Immer neue Bücher erschienen im Diogenes Verlag in Zürich – die Gesamtauflage stieg auf fünf Millionen...

In einem Interview wurde Loriot, der gerade provozierend erklärt hatte, er für seinen Teil brauche Europa nicht, er fühle sich als Preuße sehr wohl, gefragt, was er denn unter Preußen verstehe. Seine Antwort: »Preußen, das ist der Versuch, ziemlich unzeitgemäße Tugenden weiterzugeben. Zum Beispiel, daß es nicht entscheidend ist, was man verdient, sondern welcher Sache man dient.« ... Tatsächlich ist bei Loriot alles aus einem Geist, auch wenn die Vielfalt seiner künstlerischen Betätigung ohne Zahl ist.

Ach, könnte man doch hoffen, daß es Loriots Meisterschaft gelingt, die Leute nicht nur zum Lachen zu bringen, sondern den Millionen, die am Fernsehschirm zuschauen, diesen Geist zu vermitteln.

Loriot

Drei Kollegen
Saul Steinberg, Paul Flora, Robert Gernhardt

Besuch bei Saul Steinberg

New Yorker Freunde hatten mir seine Telefonnummer gegeben. Ich rief ihn an, und Mr. Steinberg sagte, er würde sich freuen, mich zu sehen. Er beschrieb mir den Weg zu seiner Wohnung, und zwei Stunden später stand ich in der 3. Washington Square, Greenwich-Village, vor einem etwa zwanzigstöckigen Appartementhaus. Ein ausnehmend eleganter Portier, der entfernt an einen Obersten der Bundeswehr erinnerte, wies mir den Weg zum 15. Floor, Appartement H. Schon während der Taxifahrt hatte ich unter der Vorstellung gelitten, das tumbe Opfer eines Scherzes meiner Freunde zu sein und sonstwem, aber nicht Steinberg zu begegnen. Der Verdacht verstärkte sich im aufsteigenden Lift. 15. Floor, Appartement H. – Ich klingelte. Ein fettleibiger, kahlköpfiger Herr öffnete und verneinte meine Frage, ob er Mr. Steinberg sei. Nein, er kannte ihn auch nicht. Ich sah keinen Grund, an diesen Angaben zu zweifeln, zumal ich Steinberg nach Fotos ganz anders in Erinnerung hatte. Auf der Fahrt fünfzehn Stockwerke abwärts unterzog ich den Charakter meiner Freunde einer herben Kritik. Dann bemerkte ich ein zweites Appartementhaus hinter dem ersten in gleicher Größe, Farbe und Form. Dort (15. Floor, Appartement H) traf ich Steinberg, nicht dunkel, wie ich dachte, sondern blond, ohne Schnurrbart, mit Brille und großen, weitsichtigen blauen Augen. Nun stand ich im Atelier des größten Karikaturisten der Gegenwart und fühlte mich, ich sage es ungern, wie ein Touropa-Tourist im Arbeitszimmer des Präsidenten der Vereinigten Staaten. Nach einer Flasche Rotwein kam ich jedoch wieder zu mir, denn Steinberg ist ein besonders höflicher und gastfreundlicher Mann. Ich sah mich um. In seinem Atelier herrschte eine anheimelnde Atmosphäre schöpferischer Unordnung. An den Wänden hingen Zeichnungen, Aquarelle und Ölbilder der großen Modernen. Ein Blatt war vielfach geknifft, die Zeichnung abwechselnd von zwei verschiedenen Händen fortgeführt und signiert: Picasso und Steinberg. Auf dem Tisch lagen angefangene Zeichnungen, Fotos, kleine Spielereien und Utensilien, die mir auch von meinem Tisch vertraut waren. Auf dem Fußboden stand ein Plattenspieler, eine Mozart-Sonate war aufgelegt. Neben der Tür sah ich einen Stapel seines neuesten Buches LABYRINTH. »Haben Sie es schon gekauft?« Ich verneinte hoffnungsvoll. »Dann sollen Sie es kaufen, denn ich glaube, es ist besser als meine anderen, und ich möchte es Ihnen nicht schenken.« Er musterte mich aufmerksam durch seine großen Augengläser, und dann schenkte er mir eine seiner herrlichen Zeichnungen, eine Katze mit Herrenhut und einer Schar kleiner Vögel.

»Sie tragen einen englischen Maßanzug.« – »Ja«, sagte ich. Er hatte ein gelbes, kurzärmeliges Hemd an und eine zerknautschte Hose. »Sie haben den Krieg verloren, und wir sehen aus wie ausgebombt.« Wir gingen zur Tür und gaben uns die Hand. Wenn er mich in München besuchen sollte, trage ich ein kurzärmeliges Hemd und eine zerknautschte Hose. Ich schwöre es.

Paul Flora

Wenn ein Faun und eine Elfe den Bund fürs Leben schließen, bekommen sie ein ungewöhnliches Kind. Eine andere Erklärung für die Existenz unseres lieben Paul Flora ist denkbar, aber nicht wahrscheinlich.

Zu seinem bevorstehenden Geburtstag verbeuge

ich mich vor einem Zeichner, den ich nun schon seit vier Jahrzehnten bewundere. In diesem Zeitraum ist mir beispielsweise nicht eine einzige Schraffur geglückt, die sich in annähernder Qualität neben den meisterlichen Strichlagen Paul Floras hätte sehen lassen können. Und wenn es nur das gewesen wäre. Aber es wollten mir auch keine venezianischen Paläste aus der Feder, keine Päpste, keine Gespenster, keine nächtlichen Lokomotiven, nicht einmal der kleinste Rabe im Nebel. Ein beschämender Vorgang.

Irgendwo haben wir mal in einer Buchhandlung gemeinsam unsere Bücher signiert. Während ich in stereotyper Akkordarbeit ein Nasenportrait nach dem anderen unter die aufgeschlagenen Titel setzte und auf Bitte des Buchhändlers auch noch weitere 200 Bände eilig mit dem gleichen Motiv versah, fertigte Paul Flora in jeden vorgelegten Band beschaulich eine Zeichnung nach Wunsch!

Ich neige nicht zu Depressionen, aber solche Erfahrungen können einen doch in der charakterlichen Entwicklung um Jahre zurückwerfen. Ich tröstete mich im stillen mit der Tatsache, auf meine Weise immerhin fast die ganze Auflage signiert zu haben. Und was sagte da Paul Flora? Er sagte: »Ein von Loriot *nicht* signiertes Buch ist eine bibliophile Kostbarkeit!« Seitdem zögere ich jedesmal, bevor ich auf dringliche Bitte ein Buch entwerte… und denke dabei an Paul Flora. Im Namen unserer Zunft wünsche ich ihm alles Glück, das von unserer debilen Welt noch zu erwarten ist.

Robert Gernhardt

Als man mir nahelegte, hier das Wort zu ergreifen, war mir nicht klar, auf was ich mich da einlasse. Auf eine Einführung?

Eine Einführung ist zweckdienlich, wenn eine Künstlerin aus Nowosibirsk zur Adventsfeier einer Münchner Immobilienfirma Verse in sibirischer Mundart vorträgt.

Robert Gernhardt führt man nicht ein. Seine Fangemeinde ist unabsehbar. Sein Wortschatz hat seit Jahrzehnten die deutsche Umgangssprache bereichert, die feinsten Feuilletons flochten ihm Kränze, und wir freuen uns, daß er gekommen ist.

Auch bedürften wir keiner Schilderung seines Lebensweges … wenn da nicht eine seltsame Lücke klaffte. Etwa von der Schulreife an sind wir informiert. Aber davor, was war davor?

Da der Künstler sich dazu nicht äußerte, sind wir auf Recherchen und Mutmaßungen angewiesen.

Robert Gernhardt kam, soviel ist sicher, 1937 in Reval auf die Welt, in Estland also, einem Land, auf das ich gelegentlich in Kreuzworträtseln stoße und dessen Bewohner – ich bin mir da nicht sicher – sich Estländer nennen, Estner oder Estler.

Gleichwohl, sie erscheinen mir als eine Art arktischer Orientalen, deren erotische Wunschvorstellung im Gewoge des Finnischen Meerbusens gipfelt.

Dort lag auch, so wird berichtet, im Uferschilf der kleine Robert. Verschleppt von einer Wölfin, die ihn eine gute Woche nährte, ihm dann aber die Brust entzog, als sie erfuhr, daß Rom schon längst gegründet war.

Zum Glück kam wenig später ein mißgelaunter Bär des Weges. Er hatte bei seinem täglichen Rundgang durch die Innenstadt von Reval alle Mülltonnen umgestoßen, doch nichts gefunden, womit er seiner Familie hätte imponieren können.

Was hier nun zwischen seinen Füßen lag, hatte er noch nie gesehen. Er brachte es nach Hause und geriet auf die Frage, was das sei, ziemlich in Verlegenheit. Schließlich verwies er auf den fehlenden Pelz des Wesens.

Das sei ein Rohbär, sagte er. Die Familie glaubte ihm zwar kein Wort, aber das Kind behielt diesen Namen.

Als Rohbär sechs Jahre später mit einer Tanzbären-gruppe in Posen auftrat, entdeckte ihn dort seine Mutter. Diese empfand die vermeintlich französische Aussprache seines Namens als geziert und nannte ihn »Robert«. Alles Weitere ist bekannt. Eine harmonische Kindheit also bei naturbelassener Erziehung, ohne frühkindliche Schädigung durch die Eltern.

Dies sind die Wurzeln eines Künstlers, der auf seine Weise zum Klassiker geworden ist, ja, der sogar seine klassischen Wegbereiter in neuem Licht erscheinen läßt.

So finden sich bei Friedrich Schiller die Worte: »Ernst ist das Leben, heiter die Kunst.« Und bei Robert Gernhardt liest man in anderem Zusammenhang: »Mein Gott, ist das beziehungsreich, ich glaub', ich übergeb' mich gleich.« Schiller geht es nur um die Kunst und das Leben. Gernhardt greift weiter. »Mein Gott«, beginnt er unter Anrufung des Höchsten und preist dann die Welt des Geistes mit den Worten »ist das beziehungsreich«. Schließlich findet er über den Glauben Erleichterung: »Ich glaub', ich übergeb' mich gleich.«

Selten, so meine ich, haben sich zwei Meister der Sprache über Generationen hinweg so sinnvoll ergänzt.

Das Beispiel soll genügen. Ein Schweizer Kritiker

schrieb schon 1987 in der *Neuen Zürcher Zeitung:* »Niemand möge sich anmaßen, über diesen Autor geistvoller und scharfsinniger schreiben zu wollen, als er selbst.« Mein Gott, ist das beziehungsreich! Aber recht hat er.

Eins sei noch gesagt: Ich danke Robert Gernhardt für das unmäßige Entzücken, das er mir seit Jahrzehnten bereitet.

Ich liebe und bewundere seine Prosa, die Zeichnungen und seine Gedichte, die sich allen modischen Anfechtungen beharrlich verweigern, Gedichte, die weite Bögen schlagen von böser Komik über Lust und Trauer bis zu bewältigter Todesangst, Gedichte eines Lyrikers von hohen Graden, der seiner ihm zugewiesenen Schublade seit langem entflogen ist.

Robert Gernhardt

Klassiker!

Wenn ein tragischer Künstler und seine Zeitgenossen sich verfehlen, gibt es für ersteren immer noch die Chance einer Revision durch die Nachwelt: Die Akte Büchner wurde rund sechzig Jahre nach seinem Tode wieder vorgelegt, mit dem Ergebnis, daß der zu Lebzeiten so gut wie unbekannte und nach seinem Tode fast gänzlich vergessene Autor heute der Namenspatron des angesehensten deutschen Literaturpreises ist.

Vergleichbares könnte einem komischen Künstler schon deswegen nicht widerfahren, weil der ohne den Zuspruch der Mitwelt rasch am Ende seiner Kunst angelangt wäre. Wenn das Publikum Elegien und Tragödien nicht zur Kenntnis nimmt, kann das durchaus den Effekt haben, den Elegiker und den Tragiker in seiner Weltsicht zu bestätigen und ihn zu weiteren düsteren Werken zu beflügeln. Wenn dagegen ein komischer Zeichner oder ein Komödienschreiber miterleben muß, daß seine Witze nicht belacht bzw. seine Komödien nicht besucht werden, dann wird er sich entweder bald im Lager der Elegiker und Tragiker wiederfinden oder ganz den Beruf wechseln.

Loriot hat früh sein Publikum gefunden – oder ist es das Publikum gewesen, das ihn schon früh entdeckt hat? Sagen wir: Loriot und sein Publikum haben sich früh gefunden, und dieses Publikum ist ihm auf seinem manchmal abenteuerlichen Weg durch die komischen Mitteilungsformen in steigender Zahl und mit lobenswerter Geistesgegenwart gefolgt, dem Cartoonisten *(Auf den Hund gekommen),* dem Comicstrip-Zeichner *(Reinhold, das Nashorn),* dem Trickfilmer *(Wum),* dem Fernsehmoderator *(Cartoon),* dem Autor, Hauptdarsteller und Regisseur der Fernsehserie *Loriot,* dem Opernregisseur *(Martha),* dem Altfilmer schließlich *(Ödipussi, Pappa ante portas).* Eine aus zwei Gründen rundum erfreuliche Erfolgsgeschichte: weil sich Loriot ständig mehr (zu)getraut hat und weil ihm das Publikum all diese Wandlungen entgegen allen Branchenregeln – »Komiker, bleib bei deinem Image« – nicht verübelt, sondern gedankt hat. Je persönlicher und präziser die Komik Loriots wurde, je unbekümmerter und radikaler er das Katastrophenpotential der jeweiligen Situation ausschöpfte, desto größer die Schar der Fernseh- und Filmzuschauer, und das bis auf den heutigen Tag, auch nach ungezählten Wiederholungen: Komikklassiker.

Laut Georg Christoph Lichtenberg ist ein Buch ein Spiegel: Wenn ein Affe hineinschaut, kann kein Apostel herausschauen. Das läßt sich aktualisieren und auf Bildschirm und Leinwand übertragen: Hätten da lauter Affen hineingeschaut, hätte kein Loriot herausschauen können. Er hat es aber getan, und das glücklicherweise nicht zu knapp, was Rückschlüsse auf das Publikum und den oft gescholtenen, wenn nicht gar negierten Humor der Deutschen sowie ihrer deutschlachenden Nachbarn zuläßt: Ich finde, auch er hat an Loriots Jubeltag einen kleinen Applaus verdient.

Loriot

Feierabend

Bürgerliches Wohnzimmer. Der Hausherr sitzt im Sessel, hat das Jackett ausgezogen, trägt Hausschuhe und döst vor sich hin. Hinter ihm ist die Tür zur Küche einen Spaltbreit geöffnet. Dort geht die Hausfrau emsiger Hausarbeit nach. Ihre Absätze verursachen ein lebhaftes Geräusch auf dem Fliesenboden.

SIE Hermann…

ER Ja…

SIE Was machst du da?

ER Nichts…

SIE Nichts? Wieso nichts?

ER Ich mache nichts…

SIE Gar nichts…

ER Nein?
     (Pause)

SIE Überhaupt nichts?

ER Nein… ich *sitze* hier…

SIE Du *sitzt* da?

ER Ja…

SIE Aber irgendwas *machst* du doch?

ER Nein...

(Pause)

SIE *Denkst* du irgendwas?

ER Nichts Besonderes...

SIE Es könnte ja nicht schaden, wenn du mal etwas spazierengingest...

ER Nein-nein...

SIE Ich bringe dir deinen Mantel...

ER Nein, danke...

SIE Aber es ist zu kalt ohne Mantel...

ER Ich gehe ja nicht spazieren...

SIE Aber eben wolltest du doch noch...

ER Nein, *du* wolltest, daß ich spazierengehe...

SIE Ich? *Mir* ist es doch egal, ob *du spazierengehst*...

ER Gut...

SIE Ich meine nur, es könnte dir nicht schaden, wenn du mal spazierengehen würdest...

ER Nein, *schaden* könnte es nicht...

SIE Also was willst du denn nun?

ER Ich möchte hier sitzen...

SIE Du kannst einen ja wahnsinnig machen!

ER Ach...

SIE Erst willst du spazierengehen ... dann wieder nicht ... dann soll ich deinen Mantel holen ... dann wieder nicht... was denn nun?

ER   Ich möchte hier sitzen…

SIE Und jetzt möchtest du plötzlich da sitzen…

ER   Gar nicht plötzlich… ich wollte immer nur hier
     sitzen… und mich entspannen…

SIE Wenn du dich wirklich *entspannen* wolltest, wür-
     dest du nicht dauernd auf mich *einreden*…

ER   Ich sag ja nichts mehr…
     (Pause)

SIE Jetzt hättest du doch mal Zeit, irgend etwas zu
     tun, was dir Spaß macht…

ER   Ja…

SIE Liest du was?

ER   Im Moment nicht…

SIE Dann lies doch mal was…

ER   Nachher, nachher vielleicht…

SIE Hol dir doch die Illustrierten…

ER   Ich möchte erst noch etwas hier sitzen…

SIE Soll *ich* sie dir holen?

ER   Nein-nein, vielen Dank…

SIE Will der Herr sich auch noch bedienen lassen,
     was?

ER   Nein, wirklich nicht…

SIE Ich renne den *ganzen* Tag hin und her… Du könn-
     test doch wohl *einmal* aufstehen und dir die Illu-
     strierten holen…

ER   Ich möchte jetzt nicht lesen…

SIE Dann quengle doch nicht so rum...

ER *(schweigt)*

SIE Hermann!

ER *(schweigt)*

SIE Bist du taub?

ER Nein-nein...

SIE Du tust eben *nicht,* was dir Spaß macht... statt dessen *sitzt* du da!

ER Ich sitze hier, *weil* es mir Spaß macht...

SIE Sei doch nicht gleich so aggressiv!

ER Ich bin doch nicht aggressiv...

SIE Warum schreist du mich dann so an?

ER *(schreit)*... Ich schreie dich nicht an!!

Reinhard Baumgart

Gelassen, heiter, verzweifelt

Wer über Loriot etwas Gründliches schreiben will,
der sollte besser warten bis zum 100. Geburtstag des
Künstlers, also voraussichtlich bis zum Jahr 2023. Wir
müßten zunächst einmal herausbekommen, wie das
Privatwesen v. Bülow sich zu dem Zeichner, Schriftsteller, Regisseur und Schauspieler Loriot verhält, und
zu diesem Zweck müßte dem Privatmann v. B. womöglich sehr nahe getreten werden, was derzeit noch
kaum möglich scheint. Denn v. B. pflegt und liebt die
Diskretion, die L. zeichnend, schreibend, spielend
dauernd verletzt. So daß wir abwarten sollten, ob
v. B. als Greis, etwa zwischen achtzig und neunzig,
selbst so fahrlässig, nachlässig, durchlässig, kurz: so
indiskret wird, um uns seinen inneren Loriot zu ent-
decken.

Wir alle kennen aus seinen öffentlichen Auftritten
die Stimme v. B's, eine der zartesten Männerstimmen,
die zur Zeit in Süddeutschland zu hören sind, sanft
und fast heiser timbriert. Andererseits kennen seine,

v. B's Freunde und Bekannten auch dessen nahezu wilde Schwärmerei für riesige Glas- oder Lautsprechermembrane möglichst durchschlagende Sängerstimmen, vor allem männliche. Es wird berichtet, daß er, vor der monumentalen Hi-Fi-Anlage im winzigen Arbeitsstübchen sitzend, seine Besucher zunächst leise auf die jeweilige Sängerlautstärke hinweist, um dann, plötzlich, jäh aufleuchtende Spitzentöne mit einem locker aus dem Ellenbogengelenk in die Luft fahrenden Faustschlag zu begleiten, eine nicht nur unter Fernlastfahrern beliebte Geste männlicher Aggression und Potenz, die er, v. B., mit einem gar nicht mehr so leisen Laut seiner leisen Stimme zu verstärken pflegt, den seine Besucher als »Uccch!« oder »Occch!« wiedergeben.

Mich fasziniert diese Faszination eines Leisen durch Stimmgewalt, denn ich meine: Aus Laut und Leise, aus Drastik und Diskretion, aus Freude am Chaos und einem stillen, fast pedantischen Kalkül und Timing setzt sich doch dieses ganze Loriot-Werk zusammen, und hätten wir noch etwa 39 Jahre Zeit, könnten wir, frei nach Nietzsche, den Rückschluß vom Werk auf den, »der es nötig hat«, nicht nur wagen, sondern auch mit wissenschaftlicher Kraft durchführen.

Sein Verlag hat diese beiden, den Stillen und den

Lauten, auf dem Buchumschlag von *Loriots Drama-tischen Werken* seinerzeit abgebildet, wobei von dem einen fast nur der Oberkörper, vom anderen lediglich ein Stück Unterleib zu sehen war, auch keine ganz zu-fällige Aufteilung. Auf der Buchvorderseite also der Schauspieler L., beziehungsweise eben nur dessen käferartig durch die Luft pendelnden Hosenbeine, weil der übrige Mensch gerade unter einer über ihm zusammenstürzenden Zimmereinrichtung begraben wird. Auf der Buchrückseite dagegen posiert als An-tipode in elegantem Sofaeck ein Herr, der in seinem vorbildlich legeren Anzug geradezu bebt vor Diskre-tion und Appetitlichkeit.

Seit wann und warum inszeniert v. B. als L. eine so entschiedene Aufteilung seiner Person in eine so-zusagen feine und eine eher ordinäre Hälfte? Vor 15 Jahren, auf dem Umschlag von *Loriots Großem Rat-geber,* da fläzte sich ein sehr anderer Herr, auf einem auch nicht sehr erlesenen Möbel, dem durchschnitt-lich ordinären, mit Fransen und Quasten besetzten Herrenzimmersessel. Sein Dinnerjacket, seine Strese-mannbeinkleider, eine schwarze Fliege und die rote Rose im Knopfloch deuteten zwar Lebensart an, doch das in Loriotsche Wurstfinger gestürzte Loriotsche Kartoffelnasengesicht entstellte diesen Eindruck. Der dumme August als Gentleman, der Gentleman als dummer August: unter dem Wahrzeichen dieser Personalunion wurde damals gezeichnet.

Während später ebendieser wohlartikulierende Herr aus dem Sofaeck L's Filmgeschichten moderiert, die gegen Ende so oft in ein schrilles Chaos abstürzen, was diesen Moderator nie zu einem kräftigen »Uccch!« oder »Occch!« hinreißen wird. Nein, seine Gentlemanstimme bleibt immer fein und fern, sanft und fast heiser timbriert. Der liebe Gott selbst könnte den Käfermenschen oder Menschenkäfern nicht ferner stehen, die durch L's Sketche krabbeln.

Das Problem also ließe sich so zusammenfassen: Loriot distanziert sich von Loriot. Aber das tat er genaugenommen schon immer. Denn so wie dieser gefilmte Herr im Sofaeck, so sanft und gestochen, so wie aus geschürztem Mund redend, hat L. schon seine frühen Bildgeschichten betextet: »Fräulein Gertrud M. hat mit ihren Bemühungen um einen eventuellen Lebensgefährten bisher noch keinen eindeutigen Erfolg erzielt.« Das war immer sein unverkennbarer Tonfall: etepetete, ein listiges Talmi aus Bürokraten- und Society-Deutsch.

Kurz: L's Figuren bellen sich an, versinken in zusammenstürzenden Wohnungseinrichtungen, verlieren den Faden oder ihr Leben – aber der »Geist der Erzählung«, wie Thomas Mann den makellosen

Herrn im Sofaeck sicher genannt hätte, dieser Geist wird auf das zarte oder wüste Elend der Loriot-Menschen immer gleich gelassen, gestochen höflich und freundlich reagieren. Man könnte auch sagen: unbarmherzig freundlich, was womöglich eine erste Umschreibung für diesen Humor wäre. Denn eine kurze Untersuchung der Beweggründe unseres Lachens über die Geschichten L's müßte, wie alle halbseriösen Erörterungen des Komischen, zunächst ausgehen von dem auf einer Bananenschale »komisch« ausglitschenden Herrn, also von dem Verdacht, daß unser Lachen immer ein Erschrecken überspringt, die Angst, wir selbst könnten uns verletzen und blamieren wie die »komische« Figur.

Man erinnere sich an die Ratgeberscherze des frühen L., in denen er an seinen Opfern zunächst vorführt, was sie »falsch« machen in ihrem gesellschaftlichen Leben, aber was er ihnen dann als »richtig« empfiehlt, ist unfehlbar noch »falscher«. Nur: Diesen absurden Ratschlägen würden wir ja im Ernst nicht folgen. Eigentlich also kein Grund zu erschrecken. Wir müßten folglich gar nicht lachen. Wir lachen aber. So ist auch mit dieser Theorie in der Praxis zunächst nicht weiterzukommen.

Man muß schon weiter ausholen: Loriot hat ja mit seinem unermüdlichen Anstandsunterricht in den fünfziger Jahren begonnen. Erster Wohlstand war damals wieder erreicht, die Wohlanständigkeit aber sollte erst wieder eingeübt werden. Loriot, der Zeichner, hat für diesen Zweck eine Herde von korrekt gekleideten, schafsmäßig geduldigen, zu jeder Anpassung und Dressur scheinbar gottergeben bereiten Menschenwesen erfunden. Und doch: Seine Abrichtung dieses für die Regeln des Anstands scheinbar so empfänglichen Personals führte »komischerweise« immer in die falsche Richtung, in Unsinn, Unfug und Unzucht. Als würden sich unter Smoking und Cocktailkleid »im Grunde« doch nur Neandertaler verbergen.

In einem ist sich das Paar v. Bülow-Loriot offenbar ganz und gar einig: Beide sehen der zivilisatorischen Zähmung ihrer Menschenbrüder mit einer heiteren Mischung aus Mißtrauen, Schrecken und Schadenfreude zu. Unter dem Vorwand, Anstand zu lehren, den gepflegten Umgang mit Messer und Gabel, politischen Argumenten, Ostereiern, Frauen oder Konsumgütern, wird da »im Grunde« Subversion betrieben, freundlicher ausgedrückt: Entfesselungskunst. Überaus korrekt, entfesselt nach Vorschrift, darf der vom Ratgeber L. Beratene seine Hemmungen fahrenlassen. Darüber lachen wir also auch. Hemmungen sind lästig. Die reine Anarchie wäre es wohl ebenfalls.

Dagegen: vollkommen ordentlich und ohne Risiko außer Rand und Band geraten – klingt das nicht utopisch? Lachen wir über etwas Unerreichbares?

Natürlich gäbe es konkretere Anhaltspunkte, um über das Komische in L's Werk nachzudenken. Etwa den Gesichtsausdruck seiner gezeichneten Geschöpfe, der genauer als entschlossene Ausdruckslosigkeit zu bezeichnen wäre. Das Kinn »flieht«, die Augen sind fast immer hinter schweinskleinen Lidern verborgen, also »niedergeschlagen«, die Oberlippenschnute bildet ein »Dach«, und der Nase, bemerkenswert unspitz, dumpf und stumpf, fehlen Löcher und Nüstern, sie ist derart »unoffen«, »in sich gekehrt«, daß mit ihr kaum etwas zu riechen sein dürfte. Ein so ausgestattetes Gesicht verleiht seinem Träger etwas gemütvoll Introvertiertes, Selbstzufriedenes, Abgeschlossenes, Unneugieriges, schafsmäßig Geduldiges, ja Fatalistisches. Jede Leidenschaft scheint diesen Wesen fremd. Erregung kann sich auf ihren Gesichtern gar nicht abbilden. Sie geraten zwar in die turbulentesten Umstände, sie quälen oder werden gequält, lassen sich aber »komischerweise« nie eine innere Turbulenz anmerken. Sie sind wie ewig, diese Schafsschädel oder Neandertaler, unzerstörbar und irreparabel.

Womit sich wieder die erste Frage stellt: Warum nämlich hat v. B. diese unendliche Serie von Gesichtern gezeichnet, die in fast jeder physiognomischen Einzelheit seinem eigenen Gesicht widersprechen? Warum spielt er, als Schauspieler, so gern den Gegentyp zu dem auf ewig in sich ruhenden Loriot-Menschen seiner Zeichnungen, nämlich den Fassungslosen? L., der Schauspieler, reißt ja seine Augen auf, sträubt die Nüstern, entblößt die Zähne, rudert mit den Gliedmaßen, gerät also außer sich. Wir lachen über den immer Beherrschten wie über den bei geringstem Anlaß Entfesselten, über Buster Keaton wie über Chaplin. Steht L. in der Tradition von beiden?

Das sind keine Fragen nur für Humor-Historiker, und die (geheimnisvolle) Antwort verbirgt sich womöglich in jener Loriotschen Urszene, die einen des Sprechens angeblich fähigen Hund vorführt, der zwischen seinem wissenschaftlichen Freund Dr. Sommer und einem Fernsehreporter freundlich aufmerksam hin und her guckt, um deren Erörterung, ob er, der Hund, nun die Kulturstufe der menschlichen Sprache erreicht hätte oder nicht, immer wieder mit kurz herausgestreckter Zunge und einem Pupslaut zu unterbrechen – ohne jeden erkennbaren Sinn und Anlaß, nur so. Als wollte dieser paradigmatische Hund die nach Freud heftigsten Antriebskräfte des Witzes vorbildlich vorführen: Entfesselung von Unsinn und Entblößung des Verbotenen.

Nur Herr L. in seinem Sofaeck tut immer noch so, als wäre das alles weit jenseits seiner Ahnungen, redet weiter, betont vernünftig; und hält seinen Wortschatz bedeckt. Während doch im Dialog der Filmgeschichten, die er so ahnungslos aristokratisch moderiert, genügend Ordinäres zischelt, blubbert, rülpst, unter einer scheinbar immer harmlosen Oberfläche.

»Sie hatten doch immer so eine Spezialität... / Kosakenzipfel... / Kosakenzipfel! Das ist das Größte! Das müssen Sie probieren!«

»Gnädige Frau, würden Sie bitte so freundlich sein, uns Ihren Schweif zu zeigen? / Da war ich eigentlich nicht drauf vorbereitet... / Erika!«

»Es saugt und bläst der Heinzelmann — wo Mutter sonst nur blasen kann.«

»Da ist so 'ne Ritze in der Mitte... / Ganz recht, gnä' Frau...«

»...da unten muß ein kleiner Griff sein... / Wo? / Hinten unten!«

»...der Strahl ist vorläufig noch zu stark gekrümmt... / Ach... / ...und wann wird er steif... gerade meine ich? / Elsbeth!«

»Ich danke Ihnen für dieses Gesäß... äh... für dieses Gespräch.«

Natürlich ist mit dem Kosakenzipfel nur eine Nachspeise und mit dem blasenden Heinzelmännchen nur ein Staubsauger gemeint, natürlich ist das alles nur zweideutig. Dafür garantieren einerseits der untadelige Herr im Sofaeck und andererseits als freundlicher Repräsentant unseres inneren Neandertalers der gelehrige Hund, dem ohne Sinn und Anlaß sich immer wieder die Zunge entblößt und ein Pupslaut entfährt.

Wer will (und ich neige dazu), der kann in diesem freundlichen Hund und diesem ihm zwar absichtslos entschlüpfenden, aber doch zynischen Geräusch durchaus die Summe des Loriotschen Kulturpessimismus erkennen. Denn die Haltung dieser beiden, v. B's wie L's, könnte man, wenn nur drei Worte dafür erlaubt wären, gelassen, heiter, verzweifelt nennen. Damit scheint L. alle unsere Mustervorstellungen von einem populären Autor zu widerlegen. Er läßt uns nicht hoffen. Er macht uns nicht einmal Mut. Er versorgt uns mit keinerlei Rat, es sei denn dem garantiert falschen. Er läßt uns allerdings lachen.

Nichts ist komischer – dazu will uns v. B. durch sein Sprachrohr L. offenbar überreden – als eine hoffnungslose Lage. Zum Beispiel die zwischen Mann und Frau. Wie uns L. ja überhaupt unermüdlich beweisen will, daß alles, was sich seit Jahrtausenden aneinander reibt, also Natur und Kultur, Kleidung und Körper,

Mann und Weib, »im Grunde« nicht zusammenpaßt. Mit dieser Formel endet auch einer der vielen von L. aufgezeigten Ehestreite: »Männer und Frauen passen einfach nicht zusammen.«

Das ist das eine und wäre kaum der Rede wert, wenn diese kaum zusammenpassenden beiden Geschlechter nicht in so schrecklicher Unzertrennlichkeit, Geduld, Gefangenschaft, Abhängigkeit, aber auch Faszination auf ewig zusammenhocken bleiben würden. An diesem Rätsel, genannt Liebe, Ehe oder Gewohnheit, kann sich L. nicht satt sehen. Beckett, eigentlich ein zäher und konsequenter Autor, hat da viel früher lockergelassen. Auf diesem Felde des Geschlechterkampfes ist L. der Strindberg für alle, die des Schwedischen nicht mächtig sind. Aber anders als Strindberg hält er die Lächerlichkeit menschlicher Zustände eben nicht für menschenunwürdig. Obwohl...

Günther Jauch
Oh, da wird ja einer umgebracht!

Was Loriot damals im Fernsehen zeigte, das war so anders als der ansonsten übliche bieder-verstaubte »Zeitgeist-Witz« und rüttelte zum Teil auch an Tabus. Da fuhr jemand wie ein Berserker mit einem Ford Capri durch die Lande. Als das Fahrzeug zum Stillstand gekommen war, stieg Loriot mit Brille, weißem Stock und gelber 3-Punkt-Binde aus. Der erste Gedanke: »Um Gottes willen, darf man denn so was im Fernsehen machen?« Dann waren da nackte Frauen auf irgendwelchen Rolltreppen, die ich in dem Alter noch nie gesehen hatte (die Frauen!)... Und dann war da dieser ganz besondere Humor, der sich eben auch in den Zeichnungen, gepaart mit einem ganz eigenen Wortwitz, verbreitete. Das war für mich etwas völlig Neues und sehr spannend.

Loriots Protagonisten sind sehr oft in der sogenannten besseren Gesellschaft angesiedelt. Auf irgendwelchen Rennbahnen oder in feinen Gourmettempeln etc. Da ist die Fallhöhe natürlich besonders groß. Diese ganzen vornehmen Leute fallen in so schreckliche Abgründe herunter, daß sie am Ende genau da landen, wo sie die Leute vermuten, auf die sie vorher so verächtlich niedergeblickt haben. Das hat mir immer gut gefallen, daß Loriot im Grunde etwas Zersetzendes, oft »die Stützen der Gesellschaft Zersetzendes« hatte und insofern seinen Humor immer systemwidrig, aber gleichzeitig subkutan unter die Leute gebracht hat.

Das Adventsgedicht zum Beispiel kann man heute prima vortragen. Es klingt von der bürgerlichen Attitüde her sehr adventlich und, in der Maske des brav aufsagenden Kindes rezitiert, fällt einem auch erst beim zweiten oder dritten Hören auf – oh, da wird ja einer umgebracht!

Der Humor von Loriot ist zeitlos, weil er sich nie zum Sklaven der Aktualität und des Zeitgeistes gemacht hat. Seine immer wiederkehrenden Themen sind die Beziehung zwischen Mann und Frau, wie man sich ordentlich in einer klein- oder großbürgerlichen Gesellschaft zu verhalten hat, wie unsere Politiker – denken wir an die Bundestagsrede – einfach so vor sich hinpalavern. Das sind Dinge, die vor 30 Jahren so waren, die heute noch so sind und die in 50 Jahren immer noch so sein werden. Manche werfen ihm vor: Du hast nichts zu Atomkraftwerken gesagt, deinen Standpunkt zum NATO-Doppelbeschluß nicht hinreichend deutlich gemacht, und nie hat das Knollenmännchen seiner Empörung über das Waldsterben Luft gemacht. Das ist aber alles relativ uninteressant, weil solche thematischen Einengungen ganz schnell vergessen sind. Jugendliche zucken heute mit den Schultern und wissen zu den Themen gar nichts zu sagen. Wenn sie aber heute die Jodelschule sehen, bekommen sie mehr über Gleichberechtigung mit, als wenn man sie in tausend feministische Seminare geschickt hätte. Heute gibt es viele Jüngere, die sich die Grzimek- und Merseburger-Parodien ansehen, ohne die beiden Personen überhaupt zu kennen. Trotzdem liegen sie regelmäßig vor Lachen am Boden. Das ist im Grunde die höchste Form von Humor: etwas erfolgreich zu parodieren – und keiner kennt das Original.

Loriot

Bundestagsrede

Meine Damen und Herren, Politik bedeutet, und davon sollte man ausgehen, das ist doch – ohne darum herumzureden – in Anbetracht der Situation, in der wir uns befinden. Ich kann meinen politischen Standpunkt in wenige Worte zusammenfassen: Erstens das Selbstverständnis unter der Voraussetzung, zweitens, und das ist es, was wir unseren Wählern schuldig sind, drittens, die konzentrierte *Be-inhaltung* als Kernstück eines zukunftweisenden Parteiprogramms.

Wer hat denn, und das muß vor diesem hohen Hause einmal unmißverständlich ausgesprochen werden. Die wirtschaftliche Entwicklung hat sich in keiner Weise... Das wird auch von meinen Gegnern nicht bestritten, ohne zu verkennen, daß *in* Brüssel, *in* London die Ansicht herrscht, die Regierung der Bundesrepublik habe da – und, meine Damen und Herren... warum auch nicht? Aber *wo haben* wir denn letzten Endes, ohne die Lage unnötig zuzuspitzen? *Da,* meine Damen und Herren, liegt doch das Hauptproblem.

Bitte denken Sie doch einmal an die *Alters*versorgung. *Wer war* es denn, der seit 15 Jahren, und wir wollten einmal davon absehen, daß niemand behaupten kann, als hätte sich damals – so geht es doch nun wirklich nicht!

Wir haben immer wieder darauf hingewiesen, daß die Fragen des Umweltschutzes, und ich bleibe dabei, wo kämen wir sonst hin, wo bliebe unsere Glaubwürdigkeit? Eins steht doch fest, und darüber gibt es keinen Zweifel. Wer das vergißt, hat den Auftrag des Wählers nicht verstanden. Die Lohn- und Preispolitik geht *von* der Voraussetzung aus, daß die mittelfristige Finanzplanung, und *im* Bereich der Steuerreform ist das schon immer von ausschlaggebender Bedeutung gewesen…

Meine Damen und Herren, wir wollen nicht vergessen, draußen im Lande, und damit möchte ich schließen. Hier und heute stellen sich die Fragen, und ich glaube, Sie stimmen mit mir überein, wenn ich sage… Letzten Endes, wer wollte das bestreiten! Ich danke Ihnen…

Loriot

Erich Kästner

Im Berlin des Jahres 1932 erwischte mich Kästner das erste Mal. Ich war acht Jahre, trug unkleidsame lange Baumwollstrümpfe, die unter den kurzen Hosen mittels heute weiblich anmutenden, seinerzeit jedoch auch bei Knaben üblichen Strumpfhaltern an einem Knöpfleibchen befestigt waren, und dazu passende, ebenso unschöne Schnürstiefel.

So saß ich im Kino und sah *Emil und die Detektive,* einen Film, in dem, wie ich mit gewisser Bitterkeit feststellte, alle Knaben meines Alters Kniestrümpfe und daher mit Sicherheit keine Knöpfleibchen trugen. Es gibt da eine Szene in der Eisenbahn. Emil sitzt einem bedrohlichen Mann gegenüber, der sich hinter einer aufgeschlagenen Zeitung verbirgt. Beide sind allein im Abteil. Da geschieht etwas, was ich bis heute nicht vergessen habe: Für Sekunden leuchten durch die Zeitung hindurch die Augen des verborgenen Mannes auf. Mein Entsetzen, das angenehme Entsetzen des achtjährigen Kinobesuchers, wandelte sich im

Laufe der Jahre. Heute empfinde ich dieses Bild als Metapher für die Wirkungsweise Erich Kästners. Ich widerstehe der Versuchung, den Gedanken weiter auszuführen. Man wird wissen, was ich meine.

Trotz mäßiger Grundschulzeugnisse, die keinen Vergleich mit Kästners schullebenslanger Traumbenotung erlaubt, soll ich ein zwar stilles, aber aufmerksames Kind gewesen sein. Dennoch kann ich wohl nichts begriffen haben, als Kästner schrieb:

>>Wie ihr's euch träumt, wird Deutschland nicht
    erwachen,
denn ihr seid dumm und seid nicht auserwählt.
Die Zeit wird kommen, da man sich erzählt:
Mit diesen Leuten war kein Staat zu machen.<<

Und ein paar trostlose Jahre später schämte ich mich bei Kästners Worten:

>>Ihr seid das Volk, das nie auf seine Dichter hört.<<

Mir ist der Jahrgang 1899 sehr vertraut. Mein Vater gehört dazu. Ich kenne diese aus vielen Enttäuschungen gewachsene Ironie so gut, diesen an dem Begreifen eigener Unzulänglichkeiten rankenden Witz, dieses Herz auf Taille.

Ich bedaure sehr, Kästner nie wirklich begegnet zu sein. Nur einmal saß ich ihm gegenüber, in einem Münchner Café Mitte der sechziger Jahre. Ich dachte: Mein Gott, das ist ja der Kästner! Punkt. Ein durch seine Unergiebigkeit pointierter Vorfall, geeignet zur Ergänzung einer Sammlung der traurigen verpaßten Gelegenheiten.

Vorgestern wäre er 85 geworden, und wir vermissen ihn. Werden wir doch in verschwenderischer Fülle mit Ereignissen bedacht, die ohne ihre Verdichtung durch Kästner leider als nur halb so schön empfunden werden. Wer außer Kästner hätte ohne Rücksicht auf das stirnrunzelnde Urteil der literarischen Nachwelt unseren panischen Schrecken mit jener aberwitzigen Komik verbinden können, die ein Kennzeichen unserer Zeit geworden ist.

Zürich kurz nach dem Kriege, Kästner war einer Einladung des ortsansässigen PEN-Clubs gefolgt, bei dem es Sitte war, einen Gast und sein Werk mit einer kurzen Rede zu würdigen, bevor man ihn selbst zu Wort kommen ließ. Geeignet für diese Aufgabe war jeweils ein Dichterkollege, von dem man annehmen durfte, er sei mit der Person des Gastes und seiner Arbeit vertraut. Im Falle Erich Kästners fiel die Wahl zur Überraschung des Gastes auf diesen selbst, mit der Begründung, er kenne sich wohl am besten.

Kästner erhob sich, und die Herren des Schweizer PEN-Clubs, die einer gültigen Kästnerschen Selbstanalayse gespannt entgegenhörten, vernahmen unter anderem die folgenden Denkwürdigkeiten eines Schriftstellers über sein Werk:

»Wie soll man dieses Durcheinander an Gattungen und Positionen zu einem geschmackvollen Strauße binden? Wenn man es versuchte, sähe das Ganze, fürchte ich, aus wie ein Gebinde aus Gänseblümchen, Orchideen, sauren Gurken, Schwertlilien, Makkaroni, Schnürsenkeln und Bleistiften.« Zitatende.

Nach der Rede und dem Abflauen des Applauses erhob Kästner sich erneut und bedankte sich in einer zweiten Rede für die sorgfältige und behutsame Würdigung, die ihm soeben zuteil geworden sei.

Trotz des Schweizer Tatortes beleuchtet dieses Ereignis ein sehr deutsches Problem: die Ratlosigkeit gegenüber einem Phänomen, das keine Aufschrift trägt. Was sagt man zu ihm, über ihn, zu ihr, über sie, über es? Ein Phänomen nach deutschem Geschmack ist schwarz, weiß oder rot. Schon grün will nicht gefallen, ist es doch gemischt. Ein Phänomen hat tief zu sein oder flach, nicht tief *und* flach, nicht heiß *und*

kalt. Es braucht ein Etikett und einen Anfangsbuch-
staben. P wie Paula, L wie Lyrik, S wie Satire, sonst
funktioniert da was mit der Ablage nicht.

Das Ärgerliche an Kästner ist ja nicht die Lust, mit
der er Denkmäler schändet, nicht die Sprayflasche,
mit der er sich an öffentlichen Gebäuden vergeht,
nicht der Zorn, nicht die Scham und nicht die Trauer
über das beschmutzte Nest. Nein, das Ärgerliche an
Kästner ist sein Humor. Oder was soll man von einem
Dichter halten, der für die Todessehnsucht depressiver
Großstädter Verse findet, die er durch eine ungenaue
Zahlenangabe ihres Ernstes beraubt:

»Wenn eine Straßenbahn vorüberfegte,
kann es passieren, daß man sich höchst wundert,
warum man sich nicht einfach drunterlegte.
Und solche Fälle gibt es über hundert.«

Ich bewundere vieles bei Kästner, aber hierfür liebe
ich ihn.

Fast bin ich versucht, mich nun in Ausführungen zu
versteigen über die Bedeutung des komischen Ele-
mentes in der ernsten Literatur, die in der Klage gip-
feln, man habe in fahrlässiger Unterschätzung des Humors als solchen Erich Kästner und – in gebotenem

schicklichem Abstand – auch mir noch nicht die richtigen Plätze zwischen Lessing und Walther von der Vogelweide angewiesen. Nicht, daß ich es für unangemessen hielte, aber heute paßt es einfach schlecht.

Dennoch muß ich in diesem Zusammenhang und mit gewissem Erstaunen einen Staatsmann zitieren, dessen Bildung und schöngeistiger Charme ganz außer Zweifel steht. Er schrieb vor 25 Jahren zum 60. Geburtstag an Kästner: »Es hat den Deutschen geschadet, daß man Sie in Ihrem Vaterland so oft als den ›Humoristen‹ gesehen hat – wenn auch als einen durch Melancholie geadelten – und nicht als den Moralisten, der Sie sind.«

Gewiß, Kästner ist ein Moralist, und Witz ohne Moral mag seine Schattenseiten haben. Aber eines ist sicher: Moral ohne Witz ist auch dann noch unerträglich, wenn sie durch Melancholie geadelt sein sollte.

Odo Marquard

Loriot, der Denker

Sehr verehrter zu Lobender, lieber Herr – ich stocke: Jeder kennt Sie als Loriot, jeder weiß, daß Sie v. Bülow heißen; mit welchem dieser beiden Namen soll ich Sie anreden? Ich helfe mir aus dieser Anredeverlegenheit durch eine naheliegende Legierung: Sehr verehrter und lieber Herr von Loriot!

Die Stadt Kassel verleiht Ihnen heute ihren Literaturpreis für grotesken Humor 1985. Sie werden dadurch – ich verwende eine Formulierung meiner Frau – aus dem einfachen Loriot zum Loriot Lauréat: also zum lorbeerbekränzten Spottvogel Bülow. Man hat mich gebeten, bei diesem Vorgang die Laudatio auf Sie zu halten: leichtsinnigerweise also einen weltfremden, trockenen, schwerfälligen (weil gebürtig hinterpommerschen) Philosophen, bei dem im übrigen vorauszusehen war, daß er diese Laudationsaufgabe – einmal gefragt – skrupellos übernehmen würde, obwohl er Sie und Ihr Werk mag; denn er lobt es – ob er das nun gut tut oder schlecht – jedenfalls gern. Dabei gilt: Wer – als männliche Person jüngeren Alters, sagen wir: unter 60, mithin als Bub – eine Laudatio, eine Lobrede hält und also Lob spendet, lateinisch *laus,* ist demnach offenkundig und zwingend verpflichtet, als Laus-Bub zu agieren. Dieser lausbübischen Rolle versuche ich hier zu entsprechen, zunächst durch drei Verzichte.

Erstens: Ich verzichte – und das ist ein indirektes Lob – auf die in Lobreden sonst übliche Angabe biographischer Daten des zu Lobenden. Daß Loriot, Jahrgang 1923, Geburtsbrandenburger, nach den obligatorischen Wechselfällen des Lebens jetzt mit Weib und Möpsen in der Nähe von München lebt: das weiß sowieso jeder, und also brauche ich es hier nicht eigens zu sagen. Und wer es noch nicht weiß, der lese Loriots *Möpse und Menschen:* Da steht es drin.

Zweitens: Ich verzichte – und auch das ist ein indirektes Lob – auf die in Lobreden sonst übliche Aufzählung der wichtigsten Werke des zu Lobenden. Denn wiederum: Bei Loriot kennt fast jedermann fast alle Werke, die ungesammelten und die »gesammelten Werke«, dabei die prosaischen, die illustrierten, die dramatischen, die circensischen, die gefilmten und medialen, vor allem die ausschließlich gemalten und gezeichneten: die Cartoons mit Menschen und Tieren und Hunden und Nashörnern und Möpsen und Wum und dem Drumherum. Man kennt sie wie Volkslieder. Das Volkslied ist das Volkslied des Volkes; das Bonmot ist das Volkslied des Intellektuellen; der Cartoon ist die ins Bild gesetzte Identität von Volkslied und Bonmot. Ich denke, fast jeder von uns führt Schöpfungen von Loriot als eiserne Schmunzelration in seiner Erinnerung mit sich: Also brauche ich auch an sie hier nicht eigens zu erinnern.

Drittens: Ich verzichte – und auch das schließlich ist ein indirektes Lob – hier auf den Versuch, mit Loriot in einen Festredenwitzigkeitswettbewerb zu treten. Auch das wissen viele: daß Loriot die Kunst der witzigen Festrede fast unüberbietbar meisterhaft beherrscht. Ich bin – und sage dies mit dem zweitaufrichtigsten aller möglichen Komplimente: dem Ausdruck meines blanken Neides – nicht so verwegen, mich hier dem Vergleich auszusetzen: wegen der Gewißheit der sicheren Niederlage.

Dieser Konkurrenzverzicht hat eine zwingende Konsequenz: Ich stehe im folgenden unter dem harten Zwang, ganz und gar ernst reden zu müssen, und ich tue das, indem ich hier für einen kurzen Augenblick das Lob des Besonderen und ganz Besonderen – das Lob Loriots – zum Lob eines Allgemeinen ausweite: zum Lob des – hierzulande häufig noch verachteten und stets zu Unrecht verachteten – grotesken

Humors durch jenes bescheidene Mittel, das gerade mir zu Gebote steht, nämlich – bevor ich wieder auf Loriot als Besonderen und ganz Besonderen zurückkomme – durch eine kurze Philosophie des grotesken Humors.

Dabei geraten Humor und Philosophie in eine besondere Relation zueinander. Humor ist – nach einem bekannten Wort, das leider nicht von mir stammt –, wenn man trotzdem lacht. Philosophie ist – nach einem betrüblicherweise immer noch nicht zureichend bekannten Wort, das nun allerdings gerade von mir stammt – Philosophie ist, wenn man trotzdem denkt.

Lachen und Denken haben – diesem nach – irgendwie miteinander zu tun: aber wie? Nicht, meine ich – und widerspreche damit einer verbreiteten Traditionsmeinung –, nicht so, daß das Lachen als ein dem Denken gegenüber Anderes und Minderes das Denken stört; sondern ganz im Gegenteil: Das Lachen ist ein Denken; und Denken – merkende Vernunft und also auch Philosophie – ist die Fortsetzung des Lachens unter Verwendung des Lachmuskels Gehirn als Mittel. Das gilt nicht vom rohen Auslachen: denn dadurch – durch Wegspotten – vertreibt man Wirklichkeiten aus unserem Leben. Wohl aber gilt es vom humoristischen Lachen: denn dadurch bietet man – liebevoll spöttisch – zusätzliche Wirklichkeit, die offiziell geleugnet wird, wenigstens inoffiziell in unser Leben hinein; denn man lacht sie nicht aus, sondern man lacht ihr zu, lacht sie an und lacht sie sich an.

Der Humor macht – denkend, weil lachend – dasjenige geltend, das wir – obwohl wir es offiziell nicht sein dürfen oder nicht sein wollen – gleichwohl auch noch sind: Er läßt im offiziell Nichtigen das Geltende und dadurch im offiziell Geltenden das Nichtige sichtbar werden; er zeigt das Menschliche als Allzumenschliches und das Allzumenschliche als Menschliches. Wer also humoristisch lacht, der sieht – just wie der, der denkt – mehr Wirklichkeit. Lachen – das humoristische, also auch das karikaturistische – und Denken: Beide sind Steigerungen des Merkens und insofern dasselbe. Nur darum – zum Beispiel – konnte Reinhart Koselleck, ein führender Historiker meiner Generation, über das Verhältnis von Geschichtsschreibung und Karikatur sagen: Beide tun dasselbe: genau hinsehen, weglassen, übertreiben. Und auch Humor und Philosophie tun dasselbe: Beide riskieren die Narrenfreiheit, das zu merken und zu sagen, was man sonst nicht merken und sagen darf oder mag. Darum auch sind Lachen und Denken wirkungsähnlich; denn beide leben davon, daß Merkverbote plötzlich zusammenbrechen. Beide befreien von der Anstrengung, diese Merkverbote aufrechtzuerhalten. Kurzum: Lachen und Denken – beide – sind der Verzicht auf die Anstrengung, dumm zu bleiben.

Dabei ist der groteske Humor die Kunst, das Eigene auch noch im Fremdesten zu bemerken. Das ist wichtig gerade in unserer modernen Welt, in der – durch ihre wachsende Veranstaltungsgeschwindigkeit – immer mehr immer schneller fremd wird: also zu dem, was wir offiziell nicht mehr sind oder sein mögen, obwohl wir es inoffiziell bleiben. Darum brauchen wir immer mehr Denken und Lachen und vor allem grotesken Humor, um in diesem Fremden uns selber wiederzuentdecken. Je moderner die moderne Welt wird, desto nötiger wird der groteske Humorist, und um so lobenswerter wird der, der dessen Aufgabe überzeugend erfüllt. Damit bin ich wieder beim Besonderen und ganz Besonderen: bei Loriot. Wie macht er das eigentlich?

Einer seiner Kunstgriffe – scheint mir – ist, daß er zeigt, je moderner – je individueller und souveräner – die Menschen zu sein scheinen, desto unerschütterlicher bleiben sie zugleich das, was sie schon immer waren: nämlich allzu menschlich. Ich belege das kurz durch Beispiele, aus Zeitnot nur durch zwei, die ich (der Literat und der darstellende Künstler Loriot mögen es mir verzeihen) vor allem aus dem zeichnerischen Werke nehme.

Beispiel 1: Auch wir modernen Menschen bleiben stets mehr Tier, als uns lieb ist; doch glücklicherweise: Gerade das Tier ist menschlich. Präzis das sieht man auf Loriots Cartoons, die häufig so verfahren, wie schon die antike Tierfabel und die mittelalterliche und neuzeitliche Tierdichtung verfuhren: Die Tiere leben – als Vizemenschen – stellvertretend für die Menschen jene allzu menschlichen und menschlichen Züge, die die Menschen selber – durch religiöse und politische Verbote oder durch metaphysischen Stolz – nicht leben dürfen oder mögen. Darum treten sie (wie einst die mythischen Fabeltiere, etwa der Kentaur) auch noch bei Loriot – fast in der Form eines demokratischen Totemismus – als Mischungen von Mensch und Tier auf, zum Beispiel als sprechender Hund: Wum – sozusagen – ist der Kentaur des kleinen Mannes, ein mythisches Fabeltier wie du und ich, bei dem wir – wie bei allen Tieren Loriots – lachend sagen dürfen: Das sind ja wir und zuweilen bessere Wirs als wir selbst. Das gilt – so denke ich, daß so Loriot denkt – vor allem auch bei den Möpsen; denn der Mops heißt ja Mops, weil die Menschen ihre Menschlichkeit zuweilen vom Mops mopsen müssen.

Beispiel 2: Gerade wir modernen Menschen – hoch individuell und eigennäsig – sind und bleiben stets mehr (und anders), als uns lieb ist, einer wie der andere, also gleich; denn wir alle haben Knollennasen. Aber wir können das zugleich – lachend – akzeptieren, denn erst die Knollennasen machen uns menschlich. Die Spezies des heutigen Menschen heißt, biologisch korrekt, *homo sapiens sapiens.* Dieses *sapiens,* offiziell »weise«, kommt vom lateinischen *sapere:* schnüffelndes Schmecken, also Gaumen und – großzügig übersetzt – Nase haben.

Der Mensch – *homo sapiens* – ist also das Wesen mit Nase, das, nicht selten naseweis und hochnäsig, ebendarum häufig auf die Nase fällt: Just dadurch werden natürlich die menschlichen Nasen – alle – auf die Dauer platt und dick, also zur Knollennase. Auch das ist auf Loriots Cartoons und auf einer Reihe seiner Gemälde deutlich zu sehen. Und es ist so sehr menschlich, daß selbst noch im Wahlspruch der Aufklärung »sapere aude!« implizit auch dieses steckt: Mehr Knollennase wagen!, d. h. mehr auf die menschliche Endlichkeit achten. Denn die Knollennase ist das Resultat menschlicher Hinfälligkeit und ist – gerade in der modernen Welt der scheinbaren menschlichen Souveränitäten – ein Attribut menschlicher Endlichkeit.

So ist Loriots »heile Welt« eine Welt mit doppeltem Boden und mit Falltür; doch wenn sie sich öffnet, stürzt man nicht ins Bodenlose, sondern gerade ins

Menschliche. Darüber zu lachen: das ist grotesker Humor à la Loriot. Mit diesem grotesken Humor – heißt es – wie mit dem Leichten überhaupt haben wir Deutschen es schwer. Aber warum findet dann Loriot hierzulande so viel Zustimmung? Im übrigen ist natürlich das Leichte niemals nur das Leichte: Der Scherz – gerade der groteske – ist nicht das Gegenteil, sondern ein Aggregatzustand des Ernstes. Wer den Scherz nicht riskiert, nimmt das Ernste nicht ernst genug. Das Lachen – gerade das des grotesken Humors – ist die kleine Subversion, die uns die große Subversion erspart: den absoluten alternativen Gestus, bei dem man nichts mehr zu lachen hat. Darum ist der groteske Humor wichtig und der, der – als meisterhafter Lachenmacher – Mut zu ihm macht, lobenswert: eben Loriot. Es ehrt ihn die Stadt Kassel, die sich dadurch selber ehrt, indem sie Vicco v. Bülow ihren Literaturpreis für grotesken Humor verleiht. Auch ich möchte ihm dazu herzlich gratulieren, ihm: dem Loriot Lauréat.

Loriot

Literaturkritik

Der Literaturkritiker einer Fernsehanstalt erscheint auf dem Bildschirm und beginnt mit der Geziertheit des intellektuellen Fernsehschaffenden zu sprechen.

Die Frankfurter Buchmesse liegt nun drei Monate zurück, aber diese Zeit war erforderlich, das Angebot zu sichten, Wesentliches von Überflüssigem zu trennen, Bedeutendes von Unbedeutendem zu scheiden.

Lassen Sie mich aus der Fülle der wichtigen Neuerscheinungen ein Werk herausgreifen. Hier werden Dinge in einer Eindringlichkeit und Präzision beschrieben, die bisher in der schöngeistigen Literatur nicht zu finden waren. Der Autor zieht es vor, anonym zu bleiben. Das überrascht, denn bei aller Offenheit zeigt das Werk eine ungewöhnliche Reinheit der Sprache, und man sollte nicht zögern, es gerade der heranreifenden Jugend in die Hände zu legen, um sie mit den ganz natürlichen Vorgängen des Lebens vertraut zu machen. Keine deutsche Fernsehanstalt hat es bisher gewagt, eine Leseprobe der zu Unrecht umstrittenen Stellen zuzulassen. Aber bitte urteilen Sie selbst. Ich beginne auf Seite 294:

Germersheim ab 12.36 Uhr
Westheim   12.42 Uhr
Lustadt an   12.46 Uhr

Schon diese Stelle ist ein kleines Meisterwerk. Ein nur scheinbar harmloses Zeugnis für die bestürzende Sachkenntnis des Verfassers. Und kurz darauf steigert sich das Werk zu einem seiner vielen dramatischen Höhepunkte:

Landau ab   12.32 Uhr
Anweiler   12.47 Uhr
Pirmasens an   13.13 Uhr

Das ist fein beobachtet. Jedermann weiß, wie peinlich solche Stellen gerade bei Literaten minderer Qualität wirken können.

Mit den Worten »in Saarbrücken Hauptbahnhof kann mit Anschluß nicht gerechnet werden« schließt das Werk. Es sollte in keinem Bücherschrank fehlen.

Hellmuth Karasek

Muttersöhnchen hart an der Pensionsgrenze

Ein Gespräch

*H*err *Loriot, in ›Ödipussi‹ spielen Sie ein Muttersöhnchen hart an der Pensionsgrenze. Warum haben Sie Ihren ersten Film so spät gedreht?*

Ich bin preußisch erzogen worden, also zur Sparsamkeit. Der Aufwand für einen Film erschien mir als zu groß, weil ich dachte: Das, was ich machen kann, kann ich auch in der sehr viel preisgünstigeren Form machen, nämlich auf dem Papier oder im Fernsehen als Fernseh-Sketch.

War neben der preußischen Sparsamkeit also auch die Angst, daß Ihre Figuren nur Sketch-Länge haben? Jemand, der mit einer Nudel im Mundwinkel eine Liebeserklärung macht, der ist wunderbar komisch für fünf Minuten, aber was macht er den restlichen Abend?

Dies war das Hauptproblem. Darum habe ich auch bis heute die Befürchtung, daß ich die Erwartungen nicht erfüllen kann, weil diese nebulösen Vorstellungen von Nudeln und Männern in der Badewanne so stark sind, daß man sich ihnen nicht ganz entziehen darf. Andererseits wußte ich, daß diese Form für die eineinhalb Filmstunden nicht möglich ist. Ich mußte mich davon entfernen. Die ganze Schwierigkeit, all das, worüber ich nachgedacht habe, war immer: Wie nahe muß ich an dem bleiben, was ich bisher gemacht habe, und wie weit muß ich mich davon entfernen, um einen Film machen zu können? Diese Gratwanderung war sehr heikel.

Die Lösung war also ein bejahrter Ödipus, der von der Mutter weg zum Weibe drängt. Was hat denn dieses Häufchen wohlerzogenes Elend mit Ihnen zu tun?

Man kann sagen, daß Ödipus ein kommunikationsgestörter Mensch ist, und Kommunikationsgestörte interessieren mich am meisten. Alles, was ich als komisch empfinde, entsteht aus der zerbröselten Kommunikation, aus dem Aneinander-Vorbei-Reden, aus den Problemen, sich zu äußern, aber auch daraus, das Gesagte zu verstehen. Komik besteht aus absichtlichem und unabsichtlichem Mißverstehen, aus all diesen Verknotungen und Schwierigkeiten. Die früheste falsche Weichenstellung, das früheste Mißverhältnis ist eigentlich das Verhältnis zwischen Mutter und Kind, hier zwischen Mutter und Sohn. Weil ich ja nun mal ein Mann bin, mußte das also der Ödipus sein.

Wenn einer so lange wie Ihr Held an Mamas Rockzipfel hängt, dann entsteht eine schon groteske Komik.

Ja, das Gefälle wird größer. Ein Muttersöhnchen von 16 Jahren ist durchaus glaubwürdig; es kann sich ja noch ändern. Auch ein Muttersöhnchen von 35 ist noch nicht ganz so komisch. Aber es begibt sich schon auf das Glatteis, von dem es schwer oder gar nicht mehr zurückkommen wird. Beim 56jährigen ist eigentlich Hopfen und Malz verloren. Wenn jemand älter wird, dann hat er auf mehr Respekt Anspruch, seine äußerliche Erscheinung ist würdevoller – und um so steiler ist sein Fall.

Ihr Held im Kinderzimmer zwischen der Landkarte und dem Nashorn – ist das nicht krankhaft übertrieben?

Es sind Erfahrungen. Es ist im Grunde alles gar nicht so furchtbar weit weg.

Hat die Figur etwas mit Ihrer Autobiographie zu tun?

Nein. Ich habe meine erste Mutter nie wirklich kennengelernt. Sie starb, als ich sechs Jahre alt war. Darum habe ich an sie fast keine Erinnerungen. Dann bin ich von meiner Großmutter aufgezogen worden, bis mein Vater wieder geheiratet hat. Da war ich zehn. Zu meiner zweiten Mutter habe ich seit 54 Jahren ein gutes, völlig komplexfreies Verhältnis. Ödipus kommt also nicht auf seine Kosten.

Vielleicht rührt er sich gerade deswegen, weil er nicht auf seine Kosten kam. Anders gefragt: Ist Ihr Film dann vielleicht eine Sehnsuchtsprojektion?

Das ist eine überraschende Frage, die mich in Verlegenheit bringt. Darüber muß ich nachdenken. Ich glaube, daß jeder Mann, ob er es nun leugnet oder nicht, sich in der Nähe einer starken Frau nicht unwohl fühlt. Ich könnte mir denken, daß er es nicht wahrhaben will; aber irgendwo ist es natürlich angenehm. Man kann einen Teil der Verantwortung übertragen; es gibt jemanden, der einem sagt, was richtig und was falsch ist. Denn auch die alten Mütter sagen: »Junge, das kannst du nicht machen!« Und wenn sie 85 ist, wird sie immer noch sagen: »Nee, nee, also Kinder, das nun wirklich nicht.« Und der Sohn wird sich durch eine Autorität gern zwingen lassen, weil es ihn der Verantwortung enthebt.

Haben Sie so große Sehnsucht nach strengen Formen? Der Film macht sich ein bißchen lustig über dies Altmodische, wie man miteinander umgeht, wie man Gäste einlädt, zeigt aber gleichzeitig großen Respekt vor diesen bürgerlichen Umgangsformen.

Um das sehr deutlich zu sagen: Ich liebe Umgangsformen und Umgangsregeln, weil ich glaube, daß es die einzige Möglichkeit ist, gefahrlos miteinander umzugehen. Ich glaube, daß das fahrlässige Sich-Hinwegsetzen über diese Formen immer zur Folge hat, daß die Mißverständnisse größer werden und unnötige Verletzungen auftreten. Für mich rührt ein Teil unserer aus den Fugen geratenen Politik auch daher, daß bestimmte menschliche Formen nicht eingehalten werden. Ich könnte mir denken, daß gerade in der Beziehung zwischen Ost und West zum Beispiel dies eine nicht geringe Rolle spielt.

Aber trotzdem: Wenn Sie in Ihrem Film Umgangsformen scheitern lassen, dann ist das erleichternd und komisch.

Weil die Unfähigkeit, mit diesen Formen umzugehen, natürlich besonders komische Folgen hat. Jemand, der keine Formen anzuwenden bereit ist, Gott, der ist nicht komisch, wenn er sich in dieser Welt fehlverhält. Der ist auszurechnen. Wenn aber jemand mit dem hohen Anspruch an Formen und gutes Betragen, mit einer entsprechenden Erziehung auf die Gesellschaft losgelassen wird, und er wird mißverstanden, und alles läuft schief, dann ist es eben Anlaß zur Groteske, zur Komik.

Wie Sie sich über Muttergefühle und die Ängstlichkeit von verunsicherten Menschen lustig machen, das ist schön bösartig.

Ich bin geradezu froh, daß mir mal jemand Bösartigkeit nachsagt, weil ich normalerweise immer höre: Das Nette an Ihnen ist, daß Ihr Humor immer so ungeheuer liebenswürdig bleibt. Ich wundere mich jedesmal. Denn wenn ich meine Ehegespräche so durchgehe und das Verhalten zwischen Mann und Frau, was mehr als einmal mit den Worten endet

»Morgen bring ich sie um!«, dann ist das ja so furchtbar liebenswürdig eigentlich nicht. Nur täuscht wahrscheinlich die komische Form darüber hinweg.

Andererseits – ganz so unlieb ist mir das auch wieder nicht; denn ich meine ja, wenn man etwas Bestimmtes an den Mann bringen möchte, dann sollte man es in einer Form tun, die den anderen nicht zwingt, das Visier zuzumachen.

Sie wollen die Leute durch scheinbare Harmlosigkeit und Nettigkeit erst einmal aus der Reserve locken. Komödie, das heißt also auch Tarnung?

Ja.

Wie in all Ihren Fernseh-Sketchen haben Sie auch in Ihrem Film jetzt eine starke Beziehung zu Ihrer Lieblingspartnerin Evelyn Hamann.

Das hat natürlich mehrere Gründe. Erstens ist sie eine hervorragende Schauspielerin und fast die einzige Partnerin, die ich in diesem Teil meines Berufes gehabt habe. Das bewirkt natürlich eine große Kenntnis der beiderseitigen Mittel. Und der große Reiz in diesem Film lag darin, daß sie nun nicht die altjüngferliche Erzieherin mit Mittelscheitel oder das häßliche Entlein und die verkorkste Sekretärin zu sein hatte, sondern daß sie plötzlich auch eine glaubwürdige, »normale« Frau spielen kann, die in peinliche Situationen gerät.

Wer ist denn das Opfer in diesem Film: sie oder er? Sie ist genausowenig dem Elternhaus entkommen. Die beiden sind eigentlich zu spät dran, um wirklich etwas Dauerhaftes miteinander veranstalten zu können. Tucholsky hat gesagt: ›Deshalb wird beim Happy-End jewöhnlich abjeblendt.‹

Mein Film ist ja eigentlich keine wirkliche Geschichte von A nach B, sondern ein Zustandsbericht.

Ist das nicht von A nach B – weg von der Mutter hin zu Freund und Braut!

Meinetwegen von A nach B, weg von der Mutter. Aber am Ende, nachdem die Mutter gesagt hat: »Ich werde hier wohl nicht mehr gebraucht«, weiß jeder: Das ist rhetorisch gemeint. Jeder weiß, die Mutter ist zwar beleidigt, aber so leicht wird man sie nicht los. Und wenn sie am Schluß zu dritt im Auto sitzen, dann hat Mutter es natürlich wieder geschafft: Sie fahren zusammen nach Italien.

Zum erstenmal wird in Ihrem Film das Alter komisch, das behaupten wir mal. Sie haben in Ihren Sketchen gezeigt, wie schwierig es ist, ein Bett oder einen Anzug zu kaufen oder eine Roulade zu essen. Jetzt wird Ihre Komik biologisch.

Das ist richtig. Das hat natürlich – ganz einfach – auch mit meinem Alter zu tun. Wenn ich, sagen wir, den Film 15 Jahre früher gemacht hätte, dann hätte ich mit Hilfe einer guten Maskenbildnerin einen 42jährigen gespielt. Nur, weil ich ja nun mal die Hauptrolle spielen mußte – schon weil das von mir erwartet wird –, mußte ich das Ganze wenigstens in die Nähe meines heutigen Alters transponieren. Ich glaube, daß es deswegen von nicht weniger Interesse für die jüngere Generation ist, weil ich als Kind immer die Erfahrung gemacht habe, daß der Blick durchs Schlüsselloch auf die andere Generation der interessantere war. Ich habe mich bei weitem nicht so für meine zehnjährigen Altersgenossen interessiert wie für Eltern und Großeltern: Was machen die, warum haben die eben französisch gesprochen, wer war da eingeladen? Man fühlte auch, wenn da Beziehungen entstanden, die die Erwachsenen zu vertuschen glaubten – alles das war doch viel interessanter. Ich glaube auch, daß Kinder, die heute fernsehen, sich mehr für Filme interessieren, die nicht für sie gemacht sind.

Man hat zwar Probleme, Auseinandersetzungen mit den Eltern, versteht sich aber mit den Großeltern.

Aber auch die Vatergeneration müßte gerade für die Jugend aus zwei Gründen interessant sein, einmal: weil die Respektspersonen in dieser brüchigen Weise dargestellt werden, die ihnen ihr Leben lang gesagt haben, wo es langzugehen hat, und gegen die sie ja rebellieren wollen und müssen. Das bereitet eine gewisse Form der Befriedigung. Und sie sind froh, darüber lachen zu können.

Uns fallen zu einem so kranken Ödipus-Verhältnis, wie es in Ihrem Film dargestellt wird, zwei Beispiele ein. Einmal Hitchcocks ›Psycho‹ und einmal Dürrenmatts ›Es geschah am hellichten Tag‹ mit dieser dominanten Ehefrau als Ersatzmutter. Bei Hitchcock endet das in einem Blutbad, unter einer Blutdusche. Bei Dürrenmatt in einem Kindesmord. Diese Mutterbindung, die Sie da zeigen, ist ja wirklich sehr gefährlich. Warum ist das bei Ihnen komisch?

Weil alles, was ich zu machen versuche, dazu verurteilt ist, komisch sein zu müssen.

Sie sagen das so traurig.

Nein, nein. Eine starke Mutter, die zur Unzeit ein Brahms-Lied singt, ist nun mal komischer als eine Leiche.

Das Filmen hat Ihnen offenkundig Spaß gemacht. Haben Sie jetzt Blut geleckt?

Die Arbeit an einem Film ist ungeheuerlich schwer. Das Risiko und die Kosten sind groß – und ich werde in diesem Jahr 65. Und wenn ich schon keine Zeit habe, den Seniorenpaß der Bundesbahn zu genießen, dann sollte ich wenigstens nicht aus den Augen verlieren, wieviel Zeit ich noch habe. Also, »Blut geleckt« ist schön und gut, aber ich vergesse keinen Tag, daß die Zeit bemessen ist. Es ist was anderes, wenn jemand wie Hitchcock sein Leben lang einen Film nach dem anderen macht.

Und manche der besten erst nach 65.

Ja. Aber da hatte er schon eine ungeheure Routine und ein fest eingespieltes Team. Der brauchte nur mit den Fingern zu schnippen. Für mich ist es ja nun wirklich ein Debüt. Ich habe zwar viel Regie geführt in meinen Sketchen, und der Film ist regietechnisch nichts anderes als ein Riesen-Sketch. Das ist dieselbe Arbeit; aber es fehlt die Gewohnheit. Das vergrößert die Anstrengung. Dazu kommt die Verantwortung für eine so große Sache, die doch einige Millionen kostet – und der Gedanke, daß irgend jemand an mir 'ne Mark verliert, ist mir grauenvoll.

Kann das hier passieren?

Ein Film, der 7,5 Millionen kostet, braucht, wie ich gehört habe, mindestens zwei Millionen Zuschauer. Neulich habe ich irgendwo eine Aufstellung gelesen, nach der, glaube ich, nur fünf Filme in Deutschland pro Jahr über 1,5 Millionen Zuschauer erreichen. Ich glaube, der Otto-Film und noch zwei andere...

Doris Dörries ›Männer‹, zum Beispiel.

...haben dann ihre Kosten eingespielt. Alles übrige geht nur mit staatlichem Zuschuß, so daß sich private Verluste in Grenzen halten. Mein Produzent Horst Wendlandt sagte: Nein, wir wollen keine Zuschüsse, das machen wir aus der Tasche. Das fand ich ungeheuer nobel; aber es belastet mich.

Der Film startet zur gleichen Zeit – und das ist ein Unikum – in der DDR und in der Bundesrepublik. Wie kommt es dazu, und was bedeutet das?

Ich habe ja dadurch, daß meine Bücher in der DDR gedruckt werden und ich dort eine ganze Reihe von Lesungen gemacht habe – mit Evelyn Hamann zusammen – und eine Ausstellung in meiner Heimatstadt Brandenburg, die dort im Dom zu den wirklich aufregendsten Erlebnissen meines Lebens gehört, eine gute Beziehung zu...

...zu den roten Preußen, der Preuße Vicco v. Bülow zu den roten Preußen.

Ja. Außerdem ist es ja meine Heimat, und die Menschen sind dieselben wie früher. Daß sie in einem anderen politischen System leben, das ist eine andere Frage.

Und wo werden Sie sein zur Premiere?

Um 17 Uhr bin ich bei der Premiere im »Kosmos-Kino« in Ostberlin und um 20 Uhr in Westberlin im »Gloria-Palast«. Ganz gleichzeitig geht's also nicht.

Im Film sind Sie einmal gleichzeitig. Da beobachtet Ihr gesitteter Ödipus mit seiner ebenso gesitteten Freundin ein anderes Paar (aber wieder gespiegelt von Ihnen und Frau Hamann), das sich in sexueller Gier über den Hotelkorridor jagt. Da kommt der Faun in Loriot raus.

Der Faun und der Wunschtraum.

Ja, natürlich. Einer, der sich so fürs Benehmen interessiert, möchte einmal wenigstens jemanden beobachten, der sich so richtig schön gehenlassen kann.

Auch meine Figur, dieser Paul Winkelmann, macht sich wahrscheinlich irgendwo klar: Das ist zwar nicht meine Welt, und ich finde das ganz abscheulich – und was würde Mama dazu sagen? –, aber ein bißchen Neid ist natürlich dabei, besonders wenn er dann im Bett aus dem Nebenzimmer hört, wie das weitergeht. Außerdem – jetzt wieder privat –: Evelyn war entzückt über die Möglichkeit, mal zehn Sekunden richtig Klamotte zu machen und dem Affen Zucker zu geben.

Haben Sie nicht auch ab und zu großen Spaß, wirklich großen Slapstick zu machen, einfach nur Slapstick?

Natürlich, das macht mir einen wahnsinnigen Spaß. Das Komische war: Bei den Dreharbeiten, bei einem Film, sind das alles doch nur winzige kleine Stücke, die aus dem Zusammenhang gerissen ja nichts Komisches haben. Die Komik ergibt sich nur aus dem Zusammenhang. Aber die bewußt alberne Geschichte zwischen diesen beiden liebestollen Menschen bot etwas so ungeheuerlich anderes als das, was wir bisher drei Monate lang gemacht hatten, daß wir alle eine Weile fröhlich vor uns hin gekichert haben.

Man könnte sagen: Loriot läßt die Sau raus.
Es hat Spaß gemacht.

Loriot

Für Heinz Rühmann

Eine Szene zum 90. Geburtstag

ER Gibt's eigentlich heute abend irgendwas im Fernsehen?

SIE Es gibt *jeden* Abend *irgendwas* im Fernsehen…

ER Ich meine irgendwas, was sich *lohnt.*

SIE Ja, der 90. Geburtstag von Heinz Rühmann… aber wir können heute nicht fernsehen, weil wir eingeladen sind.

ER Wo?

SIE Zu Rühmanns Geburtstag.

ER Im Prinzregententheater?

SIE Ja.

ER Typisch, *wenn* mal was im Fernsehen ist, können wir es nicht sehen!

SIE Wir seh'n es doch!

ER Aber nicht im Fernsehen!

SIE Die *andern* seh'n es im Fernsehen… *wir* seh'n es selbst… persönlich!

ER Wir seh'n da nicht das, was die andern im Fernsehen sehen…!

SIE Was denn sonst?

ER Was weiß ich… Kameras von hinten…

SIE Wenn wir schon zum Geburtstag eingeladen sind, werden wir ja wohl Rühmann von vorn sehen dürfen!

ER Von weitem! Ich erkläre dir das mal… auf dem Bildschirm…

SIE …Ich muß mich jetzt umziehen…

ER …Vielleicht darf ich noch einen Satz dazu sagen… Also: Auf dem *Bildschirm* sieht man natürlich *mehr* als in *Wirklichkeit*… wir haben im Fernsehen zum Beispiel schon Maulwürfe, Pinguine und ausschlüpfende Kleidermotten gesehen…

SIE Was?!

ER …Oder häutende… sich häutende Motten… was war denn das? Kleidermotten… ausschlüpfend… im Schlupf… hörst du mir zu?

SIE Jaa!… Im Schlupf…

ER Richtig… und in *Wirklichkeit*… also auch bei uns im *Garten*… könnten wir das persönlich *nicht* sehen… auch, wenn es da wäre!

SIE (enerviert, langsam, mit Nachdruck) Wenn in unserem Garten ein Pinguin wäre, würde ich ihn sehen… mit oder ohne Kamera!

ER Gut… das war ein falsches Beispiel… bleiben wir bei –

SIE (unterbricht) Pinguine kommen außerordentlich selten in unseren Garten…

ER Ich sagte schon, das war kein gutes Beispiel…

SIE …Und Pinguine sind auch meistens nicht allein…

ER Ich nehme den Pinguin zurück … hast du gehört… ich nehme ihn zurück…

SIE Pinguine stehen zu Tausenden herum … die sind gar nicht zu übersehen … das fällt doch auf!

ER Ich meinte ja auch nur einen einzelnen, und den habe ich ja auch schon…

SIE …Dazu brauchten wir nun wirklich kein Fernsehen! Und sich häutende Kleidermotten möchte ich *über*haupt nicht sehen… da reichen mir schon die Nachrichten!

ER Also, ein anderes Beispiel… und *bitte* höre mir zu!… Hast du jemals in unserem Garten einen Maulwurf gesehen … einen lebenden, maulwerfenden Maulwurf?… Nein, natürlich nicht!

SIE Ich muß mich jetzt umziehen…

ER Aber es *sind* da welche, und *du* hast sie nie gesehen und *ich auch* nicht!… *Aber* im Fernsehen *hast* du sie gesehen! *Das* meine ich!

SIE (streng) Ich habe unsere Maulwürfe im Fernsehen *nicht* gesehen!

ER   Ich behaupte ja auch nur, daß man im Fernsehen mehr sieht als in der Natur!

SIE Es ist überhaupt nicht sicher, daß heute Maulwürfe im Fernsehen sind!

ER   Das habe ich auch gar nicht behauptet! Aber wenn irgendwo Maulwürfe wären, dann würden wir sie im *Fernsehen* sehen... aber da, wo sie *sind*... wenn wir da *wären*... da sehen wir sie nicht!... Hörst du mir zu?

SIE Ja... ich soll darauf gefaßt sein, daß wir auf Heinz Rühmanns Geburtstag keinen Maulwurf sehen!

ER   Ja... und davon abgesehen ist es natürlich eine Ehre, daß wir eingeladen sind...

SIE ...Weil du mit Heinz Rühmann zusammen in einer Schulklasse warst.

ER   ...Reimann... Horst Reimann war das!

SIE Ich zieh' mich jetzt um...

Loriot

»Über die Schwierigkeit, die Bayerische Staatsoper in die Luft zu sprengen«

Eine Diskussion unter Fachleuten

DR. GÜNTHER RENNERT, Staatsintendant der Bayerischen Staatsoper;

KURT MEISEL, Staatsintendant des Bayerischen Staatsschauspiels;

AUGUST EVERDING, Intendant der Münchner Kammerspiele;

DR. JOACHIM KAISER, Musik-, Theater- und Literaturkritiker der *Süddeutschen Zeitung;*

OBERBRANDMEISTER SEDLMAYR, Branddezernat München II/Innenstadt;

VIKTOR SCHMOLLER, Diskussionsleiter.

SCHMOLLER Meine Damen und Herren, zu unserem ersten Gespräch in der Reihe ›Kultur und Gesellschaft‹ begrüße ich den Staatsintendanten der Bayerischen Staatsoper, Herrn Dr. Renner, den Staatsintendanten des Bayerischen Staatsschauspiels, Herrn Kurt Meisel, dessen Wort als neutraler Beobachter und ›Anlieger‹ der Staatsoper von Bedeutung ist, den Intendanten der Münchner Kammerspiele und künftigen Intendanten der Hamburgischen Staatsoper, Herrn August Everding, den Musik-, Theater- und Literaturkritiker der *Süddeutschen Zeitung*, Herrn Dr. Joachim Kaiser, und Oberbrandmeister Sedlmayr vom Branddezernat München zwo/Innenstadt.

SEDLMAYR *(springt auf)*

SCHMOLLER Vielen Dank, Herr Sedlmayr. *(Sedlmayr setzt sich)* Nun zum Thema unserer heutigen Diskussion. Der bedeutende Komponist und Dirigent Pierre Boulez antwortete vor einiger Zeit auf die Frage, wie er sich die Bewältigung der Probleme des modernen Opernschaffens vorstelle, mit den Worten: Die eleganteste Lösung wäre, alle Opernhäuser der Welt in die Luft zu sprengen. Das ist ein ungewöhnlicher Vorschlag, so meine ich, aber er verdient es, auf seine Brauchbarkeit hin untersucht zu werden. Herr Dr. Rennert, Sie sind der Leiter des hiesigen Opernhauses. In welcher Form haben Sie die Boulezsche Anregung aufgenommen?

DR. RENNERT Herr Schmoller, zunächst einmal möchte ich sagen, daß ich die künstlerische Potenz des Dirigenten Boulez bewundere. Aber weiß der eigentlich, wie schwer sich so was in den laufenden Spielplan einbauen läßt? Ich war in den letzten Wochen allein schon durch die Vorbereitungen für die Festspiele so in Anspruch genommen, daß mir für eine derart komplizierte Aufgabe, wie es die Sprengung eines Opernhauses ja nun einmal ist, einfach keine Zeit blieb.

SCHMOLLER Das heißt also… *(Herr Everding hebt die Hand…)* Ja, bitte, Herr Everding…

HERR EVERDING Ich bin doch sehr überrascht, Herr Dr. Rennert, daß der Intendant der Bayerischen Staatsoper offensichtlich keine prinzipiellen Einwände hat gegen die Vernichtung der ihm anvertrauten Bühne!

DR. RENNERT Aber Herr Everding, wir wollen doch nicht grundsätzlich gegen progressive Ideen sein, nur weil sie nicht in unser traditionelles Denkschema passen.

HERR MEISEL *(ärgerlich)* Ich verstehe ja nichts von Musik, aber die Herren scheinen zu vergessen, daß ich im Residenztheater nur ungern inszeniere, wenn mir dabei von hinten die Oper um die Ohren fliegt!

DR. KAISER Ach was!?

SCHMOLLER Meine Herren, lassen Sie uns doch weniger emotionell argumentieren und mehr die praktische Seite des Problems beleuchten. Wir haben hier im Studio eine Modellsprengung vorbereitet. Herr Sedlmayr, *(Sedlmayr springt auf)* ach bitte, behalten

Sie doch Platz, vielleicht können Sie uns etwas sagen über technische Voraussetzungen und mögliche Folgen einer kulturpolitischen Operndetonation.

SEDLMAYR Wie meinen?

SCHMOLLER Wir meinen, wie wird gesprengt und was passiert?

SEDLMAYR Jawohl. Wir sprengen mit 2500 kg doppelt-kohlensaurem Trinitrotoluol in Verbindung mit 800 kg ungekämmter Kollodiumwolle ohne Zusatz von Bikarbonat. Das Bikarbonat beinhaltet eine stärkere Granulierung, hat aber nachteilige –

SCHMOLLER Vielen Dank, Herr Sedlmayr, würden Sie uns bitte an diesem kleinen Modell der Staatsoper die Wirkungsweise der Sprengung demonstrieren.

SEDLMAYR Jawohl! Aber ich möchte gleich sagen, in echt wäre es schöner! *(Sucht nach Streichhölzern. Dr. Rennert reicht ihm sein Feuerzeug. Es funktioniert nicht.)* Entschuldigen Sie, aber momentan ... ist da etwas ...

SCHMOLLER Nun ... dann wollen wir zunächst in der Diskussion fortfahren. Ich glaube, Herr Dr. Kaiser wollte ...

DR. KAISER Es ist mir unbegreiflich, warum man die Opernsprengung offensichtlich nur als lästige kulturelle oder inszenatorische Pflichtaufgabe betrachtet. Im Gegenteil: Durch eine Detonation des Hauses im richtigen Moment erscheint eine schwache Inszenierung möglicherweise akzeptabel!

DR. RENNERT Also wenn bei jeder schwachen Inszenierung die Oper explodiert...

HERR EVERDING Na, dann brauche ich gar nicht erst nach Hamburg zu gehen... du lieber Gott...

DR. RENNERT Das ist kein religiöses Problem, Herr Everding!

HERR MEISEL Ich sehe da noch eine andere Gefahr: Angenommen, die Sprengung ist ein Erfolg, die Kritiken sind schlecht, das Publikum gewöhnt sich dran... und die Sänger...!? Ich bin *sehr* im Zweifel, ob Frau Nilsson sich für die *Walküre* verpflichten ließe, wenn sie damit rechnen muß, im zweiten Akt zu detonieren!

DR. KAISER Jedenfalls wäre sie im dritten dann wohl ziemlich indisponiert.

DR. RENNERT Aber wo sehen Sie denn einen dritten Akt, wenn sich das ganze Ensemble noch stundenlang in einer Detonationswolke über München befindet?

SCHMOLLER Auf das Problem der Luftverschmutzung kommen wir später zurück. Herr Sedlmayr *(Sedlmayr springt auf.),* wenn wir jetzt die Modellsprengung sehen dürften?

SEDLMAYR Jawohl! Aber ich weise noch einmal darauf

hin, daß die Detonation in echt viel eindrucksvoller ist. *(Dr. Rennert reicht sein Feuerzeug. Es funktioniert nicht.)*

SCHMOLLER Ja ... äh ... Wichtig erscheint mir zunächst noch die Zuschauerfrage. Gesprengt wird doch mit vollem Haus. Ist das nun eine reine Abonnementvorstellung oder freier Kartenvorverkauf oder eventuell nur Presse? Oder wie oder was?

DR. RENNERT Nur mit der Presse wäre es mir am liebsten, aber ich fürchte, wir kriegen das Haus nicht voll.

DR. KAISER Das hängt davon ab, was an dem Abend im Fernsehen ist.

HERR MEISEL Entschuldigen Sie ... Musik ist ja nicht mein Fach ... aber angenommen, die Publikumsfrage ist gelöst, die Premiere war ein Erfolg, die Oper ist explodiert. Wann ist die nächste Vorstellung?

HERR EVERDING Das ist eine gute Frage. Bei starkem Publikumsandrang sind eventuell zwei oder drei Sprengungen nötig. Und München hätte dank seines hervorragend ausgestatteten Opernhauses die Chance, eine Opernsprengung von wirklich hohem Niveau durchzuführen. Immerhin gilt ja die Münchner Oper als eines der schönsten Häuser der Welt.

DR. RENNERT Wenn wir voraussetzen, daß die Explosion der Staatsoper aus kulturpolitischen Gründen in *jeder* Vorstellung stattfindet, könnte – bei ständigem Wiederaufbau der Oper in Rekordzeit – bestenfalls alle drei Jahre eine Vorstellung stattfinden.

HERR MEISEL Aber dieses System würde sich ja wohl ungünstig auf die Eintrittspreise auswirken.

DR. RENNERT Gewiß, der billigste Platz würde pro Abend etwa 250 000 DM kosten. Allerdings würden die Freunde des Nationaltheaters, die ja ohnehin zu Premieren kaum Karten kriegen, nun wenigstens finanziell herangezogen werden. Eine Opernsprengung von wirklichem Niveau ist in der gegenwärtigen Theatersituation eine Sache der Privatinitiative.

HERR MEISEL Ich nehme ja auch an, daß Herr Stadtrat Baumann durch Wohltätigkeitsveranstaltungen, Tombolas undsoweiterundsoweiter immer wieder größere Beträge zur Verfügung stellen wird.

DR. RENNERT Im Zusammenhang mit der finanziellen Frage ist da noch ein anderes Problem: der neue Giebel von Professor Brenninger über dem Hauptportal. Apoll und die neun Musen in bulgarischem Muschelkalk. Es ist absolut ausgeschlossen, nach jeder Explosion ein Werk von gleicher künstlerischer Bedeutung in Auftrag zu geben.

HERR EVERDING Ich bin zwar kein Staatsintendant, aber da schlage ich doch vor, ihn jedesmal vor der Sprengung abzunehmen und irgendwo unterzustellen. Das Deutsche Museum beispielsweise ist ja immer interessiert an alten Giebeln. Aber abgesehen von dekorativen Einzelheiten ist die Oper rein architektonisch ja sowieso umstritten.

DR. RENNERT *(erregt)* Herr… äh…

HERR EVERDING Everding…

DR. RENNERT Herr Everding, mir gefällt jedenfalls die explodierte Staatsoper immer noch besser als die frischgestrichenen Kammerspiele!

HERR EVERDING Aber ich bitte Sie, Herr Dr. Rennert, wie können Sie eine derartige Äußerung… Aber auch rein privat… also ich muß sagen…

HERR MEISEL …wir wollen doch nicht persönlich werden. Schließlich geht es hier um etwas ganz anderes. Die Öffentlichkeit hat ein Recht auf unpolemische Information.

DR. KAISER Ha… ha… ha… ha…

SCHMOLLER Aber meine Herren, ich bitte Sie… Ich glaube, Herr Dr. Kaiser hat hierzu noch etwas zu sagen.

DR. KAISER Neinnein. Ich hatte da nur noch eine Frage. Wo befindet sich eigentlich nach der Detonation meine Garderobe?

SCHMOLLER Diese Frage kann uns vielleicht Herr Sedlmayr beantworten.

SEDLMAYR *(springt auf)* Für Garderobe ist das Branddezernat nicht zuständig. Es muß jedoch nach der Sprengung mit einer Garderobenstreuung für Hüte und Mäntel im Radius von 6 km gerechnet werden.

DR. KAISER Na, ich weiß nicht, wie meine Kritiken aussehen, wenn ich nach jedem *Rigoletto* meinen Hut in Obermenzing abholen muß!

HERR MEISEL *(in höchster Erregung)* Herr Dr. Kaiser, ich bitte Sie, Obermenzing ist doch wieder einmal völlig aus der Luft gegriffen. Aber so ist die Presse, so sind sie alle! Da gibt man sich eine blödsinnige Mühe, inszeniert eine Weltklasse-Opernexplosion, und was steht in der *Süddeutschen*? Herr Dr. Kaiser hat seinen Hut in Obermenzing geholt!

DR. KAISER Also gut... in Pullach. Aber interessieren würde mich ja nun der musikalische Aufbau der Operndetonation. Wenn Isolde in C-Dur arbeitet, kann nicht gleichzeitig in As-Dur gesprengt werden. Das klingt einfach scheußlich!

DR. RENNERT Warum muß denn in As-Dur gesprengt werden?

DR. KAISER Explosionen sind immer in As-Dur. Außer beim Bürgerbräukeller. Das war in g-Moll. Aber davon spricht ja heute auch kein Mensch mehr...

SCHMOLLER Ach was?!

HERR EVERDING ...und vom Umweltschutz spricht ja wohl auch niemand! So eine detonierte Staatsoper steht doch tagelang als Rauchpilz über München und verpestet die Innenstadt!

SCHMOLLER Um das zu überprüfen, haben wir ja eben Herrn Oberbrandmeister Sedlmayr gebeten, eine maßstabsgetreue Sprengung am Modell der Oper durchzuführen. Herr Oberbrandmeister, darf ich nun bitten.

SEDLMAYR Sehr wohl... *(Zündet, es erfolgt eine winzige Detonation des kleinen Modells der Staatsoper. Sedlmayr sieht verlegen zu Boden.)*

DR. RENNERT Ist das alles?

SEDLMAYR Jawohl...

ALLE *(verächtlich)* Ha... –

Donnerschlag und Blitz. Bei gleichzeitig einsetzendem Finale der ›Götterdämmerung‹ detoniert die Bühne samt Diskussionsrunde.

SCHMOLLER *(im Fliegen)* Ich danke Ihnen für das Gespräch.

Fred David

»Ich resigniere nicht, aber ich leide unter den fragwürdigen Fortschritten unserer Zeit«

Ein Gespräch

Wir haben lange nichts mehr von Ihnen gesehen und gehört und fürchten schon, Sie hätten sich auf einer Südseeinsel zur Ruhe gesetzt. Was macht Loriot zur Zeit?

Ich bereite eine Ausstellung vor, eine CD und eine TV-Sendung mit alten Sketchen und neuer Rahmenhandlung.

Ist das Ihr eigenes Geschenk zu Ihrem 70. Geburtstag in diesem Jahr?

Man hat mir diese Geschenke gewissermaßen abverlangt.

Der Diogenes Verlag gibt auch ein neues Loriot-Buch heraus. Wie kam diese fruchtbare Ehe mit dem Zürcher Verlag zustande?

Weil mich 1952 kein deutscher Verlag haben wollte. Zu meinem ersten Band *Auf den Hund gekommen* sagte der Verleger Ernst Rowohlt: »Junger Mann, recht hübsch, aber kein Buch.« Da traf ich 1953 Daniel Keel auf der Frankfurter Buchmesse an seinem kleinen Stand. Er hatte gerade sein erstes Buch herausgebracht und sagte sofort: »Das machen wir.« Ja, und jetzt machen wir das seit genau 40 Jahren.

So hat Keel ja auch den jungen Dürrenmatt entdeckt. Kannten Sie ihn?

Wir haben gelegentlich im Münchner Hotel »Vier Jahreszeiten« zusammengesessen und entdeckten bald, daß wir den gleichen Humor hatten, den Hang zum Skurrilen.

Kommen Sie mit dem schwerblütigen Schweizer Temperament zurecht?

Die sind gar nicht so schwerblütig! Was mir auffällt: Wenn man mit einem Schweizer essen geht, erklärt er spätestens bei der Suppe die Unterschiede zwischen einem Zürcher und einem Basler, was das Spezifische an einem Freiburger ist und warum die Appenzeller für unzählige Witze herhalten müssen. Der Schweizer ist ungewöhnlich interessiert an seinem Land.

...

Was verstehen Sie unter Preußen?

Mein Preußen sind Kleist, Humboldt, die Offiziere des 20. Juli 1944. Ich wehre mich gegen die Gedankenlosigkeit, unter Preußen immer eine Schlangengrube von Militaristen und Nazis zu verstehen.

Sind Sie preußisch erzogen worden?

Ja, im ursprünglichen Sinn.

Was bedeutet preußische Erziehung?

Zum Beispiel Verläßlichkeit, Höflichkeit, Bescheidenheit und andere altmodische Begriffe.

Jeder Karriereberater würde bei diesem Katalog die Hände über dem Kopf zusammenschlagen: keine Karrierechancen!

Ich weiß. Wer heute bescheiden ist, ist ein Idiot.

Das klingt nach Altersweisheit und Resignation.

Ich resigniere zwar nicht, aber leide doch unter den fragwürdigen Fortschritten unserer Zeit. Wenn bald Flugzeuge gebaut werden für 800 Passagiere, frage ich mich, wohin dieser Größenwahnsinn und diese Maßlosigkeit führen soll…

Wer so denkt, würde der Karriereberater sagen, stellt sich gegen den Fortschritt.

Wir sind am Ende einer Entwicklung angekommen, die wir bisher gutgeheißen haben. Dieser als Fortschritt gedeutete Wahnsinn gräbt uns das Wasser ab, von dem wir leben.

Glauben Sie an den großen Knall?

Ich fürchte, er steht bevor, weil nur wenige bereit sind umzudenken. Aber ich hoffe natürlich, daß die Natur und die Menschen so stark sind, noch Auswege zu finden, von denen wir heute noch nichts wissen. Jedenfalls müßten wir erheblich bescheidener leben als bisher. Aber wir werden uns wohl eher wie die Lemminge ins Meer stürzen, als unsere Lebensgewohnheiten zu ändern.

Denken Sie oft an den Tod?

Wenn man 70 wird, vergeht kein Tag ohne den Gedanken, daß die Zeit bemessen ist.

Ist der Humorist Loriot ein Pessimist geworden?

Ach wo! Ich bin wohl ein nachdenklicher Optimist, aber kein trauriger Clown. Als Humorist kann man mit einem ständigen tragischen Grundgefühl nicht arbeiten.

Können Sie mit dem Fernsehen noch etwas anfangen?

Das Entertainment steckt in der Krise. Durch das uferlose Angebot an TV-Kanälen machen alle auf Tempo, in der ständigen Angst, der Zuschauer schalte um. Dadurch wird alles laut und platt, man gibt fahrlässig Niveau preis. Das wird sich auf die Dauer nicht bezahlt machen.

…

Wann kommt der nächste Loriot-Film?

Nur wenn ich glaube, eine gute Idee zu haben. Jetzt wird allerdings die Zeit bald knapp. Mit 70 muß man damit rechnen, aus biologischen Gründen vertragsbrüchig zu werden. Es ist sehr anstrengend, das Buch zu schreiben, Regie zu führen und die Hauptrolle zu spielen.

Weil Sie bis ins hinterste Detail immer alles selber machen wollen?

Wenn ich eine ganz bestimmte, von mir bevorzugte

Form der Komik haben will, bleibt mir nichts anderes übrig.

Gibt es keine Regisseure, die das können?

Natürlich gibt's die. Aber ein Regisseur muß ein Diktator sein, sein Wort ist Gesetz. Ich fürchte, das würde zu Schwierigkeiten führen.

Weil Sie immer die Oberhand behalten müssen?

Nein, weil der ohnehin schon komplizierte Arbeitsprozeß noch erschwert würde. Bei ständigen Diskussionen zwischen Regisseur und Hauptdarsteller würde wahrscheinlich jedes Filmteam entnervt aufgeben.

Die Kritiker lagen Ihnen jahrelang zu Füßen. Zu Ihrem letzten Film ›Pappa ante portas‹ las man zum ersten Mal einige bissige Stimmen. Die ›Süddeutsche Zeitung‹ schrieb von einer »Nummerndramaturgie«. Hindert das die Kreativität des Erfolgverwöhnten?

Es stört mich natürlich, und es verletzt mich vielleicht auch irgendwo. Aber es ist die ganz persönliche Meinung eines Kritikers. Gefährlich wird es, wenn ein paar Großkritiker sich zusammentun. Dann rennen alle andern hinterher. Aber konkrete Folgen für die Arbeit hat das keine.

...

Sie inszenieren Opern, entwerfen Bühnenbilder und Kostüme. Im April sind Sie mit dem ›Ring des Nibelungen‹

in Mannheim, im Juni in Wien. Was fasziniert Sie an dem gewaltigen Opern-Arier Richard Wagner?

Er ist nun einmal eines der musikalischen Genies dieser Erde. Ohne ihn gäbe es die moderne Musik nicht, und ohne seine Musik fände ich das Leben nur halb so schön.

Wagner macht es einem nicht leicht, ihn zu mögen. Der ›Ring‹ dauert voll ausgespielt 16 Stunden.

Ich kenne viele, die sich Wagner vom Leibe halten. Die ahnen eben nicht, wie aufregend der *Ring* in Wort und Musik ist. Ich versuche also, sie zu überzeugen.

Wie schaffen Sie das?

Zunächst nehme ich ihnen die Angst vor der Länge. Aus den 16 Stunden wird ein *Ring an einem Abend* in zwanzig Musikbeispielen, zwischen denen ich die ganze spannende Geschichte erzähle. Das dauert dreieinhalb Stunden. Das große Wagner-Orchester ist auf der Bühne mit dem gesamten Sänger-Ensemble. Das ersetzt natürlich nicht die vier vollständigen Opern, aber es macht neugierig auf das Ganze und trägt zum Verständnis bei. Das hoffe ich jedenfalls.

Sind die Texte von Loriot oder von Vicco v. Bülow?

Schon von Loriot, aber ich parodiere den *Ring* nicht, die Geschichte wird richtig erzählt, wenn auch nicht mit tödlichem Ernst. Es soll ja auch Spaß machen.

Die Wagner-Leidenschaft liegt in Ihrer Familie. Cosima, die Frau eines Ihrer Vorfahren, des Dirigenten und Klaviervirtuosen Hans v. Bülow, hatte eine nicht nur musikalische Beziehung zu dem verehrten Richard Wagner.

Das ist wahr. Der große Meister war da nicht zimperlich.

Das unerforschliche Beziehungsgeflecht zwischen Mann und Frau ist eines Ihrer Lieblingsthemen als Humorist. Von Ihnen stammt die Feststellung: »Männer und Frauen passen einfach nicht zusammen.« *Was stimmt Sie daran so heiter?*

Na, einerseits passen sie nicht zusammen, andererseits versuchen sie seit Jahrtausenden, sich so nahe wie möglich zu sein. Wenn das nicht komisch ist!

...

Warum drängt es Männer und Frauen ungeachtet aller Desaster noch immer so heftig in die Ehe?

Weil sie immer wieder vergessen, was dagegen spricht. Zum Beispiel kann ein Mann 200 Kinder in die Welt setzen, ohne einen Tag im Büro zu fehlen. Eine Frau kann das nicht oder nur in Ausnahmefällen. Daraus entstehen eine Menge Ärger und viele sehr ungerechte Folgerungen. Aber wenn ich vor der Frage stand, mit wem eine wichtige Mitarbeiter-Position zu besetzen sei, habe ich mich meist für eine Frau entschieden.

Warum?

Frauen sind genauer und weniger eitel als Männer. Männer müssen immer irgendwann irgendwas beweisen. Frauen sind auch viel sachbezogener. Dabei sind sie zwar nicht intelligenter, aber mit Sicherheit vernünftiger als Männer. Und was viele Männer nicht wahrhaben wollen: Frauen, die unter sich sind, brauchen keine Männer. Das macht sie stark. Männer sind früher oder später auf Frauen angewiesen. Das macht sie schwach.

Loriot

Professor E. Damholzer

WALLNER Herr Professor Damholzer, Sie wissen, daß
vor drei Jahren der Versuch Ihres Kollegen, Professor Mutzenberger, Frauen in Kaninchen zu ver-
wandeln, zwar geglückt ist, aber doch, zumindest
in wissenschaftlichen Kreisen, auf Bedenken stieß.
Was hat Sie bewogen, dennoch an einer weiteren
Mutation zu arbeiten, in diesem Fall an einer starken körperlichen Verkleinerung lebender Menschen?

DAMHOLZER Herr ... Wallner, zunächst einmal ist
zum Mutzenbergerschen Versuch zu sagen, daß der
Gedanke einer drastischen Einschränkung des der-
zeitigen Frauenüberschusses durchaus zu begrüßen
war. Nur hat die massenweise Verwandlung von
Frauen in Kaninchen ein neues, ernstes Problem
aufgeworfen: die Kaninchenplage.

WALLNER Herr Professor, Sie meinen also...

DAMHOLZER Ich konnte nachweisen, daß man die
Frau als solche auch in Massen kaum noch als Belä-

stigung betrachtet, wenn sie kleiner ist als 10 Zentimeter. Ich bewies darüber hinaus, daß durch biochemische Größenkorrektur, also künstliche Verklei-ne-rung aller Menschen – auch der Männer –, sämtliche Umweltprobleme zu lösen sind.

WALLNER Herr Professor, gestern ist Ihnen der Nobelpreis verliehen worden für die erste gelungene Verkleinerung eines niedersächsischen Ministerialrats von 1 Meter 78 auf 0 Komma 002 Millimeter. Können Sie uns, in vereinfachter Form, erklären, wie das gelang?

DAMHOLZER Natürlich ... Mit Hilfe von lauwarmer Askorbinsäure in Verbindung mit polarisiertem Diamethylentetramin.

WALLNER Natürlich ... Herr Professor, ist daran gedacht, sämtliche Ministerialräte stark zu verkleinern?

DAMHOLZER Nein, Herr Wallner, neinnein, es wird erwogen, alle Kraftfahrzeugbesitzer auf eine Durchschnittsgröße von 0 Komma 8 Millimeter zu bringen. Zunächst auf freiwilliger Basis.

WALLNER Befürchten Sie da für den Autofahrer nicht Schwierigkeiten beim Lenken des Kraftfahrzeugs?

DAMHOLZER Nun, Herr Wallner, einmal ist das wohl eine Gewohnheitssache und zum andern ein Problem der Automobilindustrie. Für uns ist entscheidend, daß rund fünfzigtausend Personen bequem in einem Mittelklassewagen Platz finden. Das heißt, daß sämtliche Einwohner der Bundesrepublik in etwa 200 Automobilen nach Italien reisen könnten.

WALLNER Herr Professor...

DAMHOLZER Das heißt, daß in dieser Streichholzschachtel alle Bundestagsabgeordneten zu einer Plenarsitzung Platz nehmen könnten, ohne daß ihre geistige Regsamkeit merklich nachlassen würde.

WALLNER Herr Professor, es wäre also möglich...

DAMHOLZER Es wäre möglich, auf Geburtenregelung völlig zu verzichten und einer lustbetonten, natürlichen Fortpflanzung weitere zwei Millionen Jahre ihren Lauf zu lassen, da unser Planet rund 146 Trilliarden Kleinstmenschen mühelos ernähren könnte. Allein der derzeitige Weltvorrat an Blattspinat böte eine ausreichende Sättigungsgrundlage für mehrere Millionen Jahre.

WALLNER Die Wissenschaft wäre demnach in der Lage...

DAMHOLZER Die Wissenschaft garantiert den Fortschritt *und*... die einzigen möglichen Auswege aus drohenden Katastrophen. Wissenschaft bedeutet Verantwortung. Über Wohl und Wehe der Menschheit entscheiden in Zukunft nicht die Politiker *(hebt Streichholzschachtel hoch),* sondern wir Wissenschaftler.

WALLNER Herr Professor, wären Sie bereit, uns Ihre Entdeckung hier praktisch zu ... äh ... praktisch vorzuführen?

DAMHOLZER Selbstverständlich ... *(trinkt aus einem Reagenzglas... sieht nach der Uhr... verschwindet plötzlich)*

WALLNER *(sieht ratlos auf dem Tisch hin und her, entdeckt etwas sehr Kleines, schlägt mit der Hand drauf und sieht verstört in die Kamera)*

Peter Michalzik

Könige im Reich des Geistes

Loriot und Walter Jens über ihre Rollen als
Friedrich der Große und Voltaire,
über ihre Freundschaft und ihre Ehen

*Ich möchte mit Ihnen über Freundschaft reden. Wann haben
Sie sich kennengelernt?*

JENS Wir haben uns bisher sehr selten gesehen, sieben- oder achtmal. Obwohl ich sagen muß, daß wir uns von Anfang an nicht unsympathisch waren.

LORIOT Daß wir uns das erste Mal getroffen haben, ist doch schon 20 Jahre her. Sieben- oder achtmal ist wohl ein wenig untertrieben.

JENS Naja, es können auch 15mal gewesen sein.

Man kann aber trotzdem sagen, daß Sie befreundet sind.

LORIOT Das ist ein Begriff, der von verschiedenen Menschen verschieden aufgefaßt wird. Manche verstehen unter Freundschaft, daß man dreimal in der Woche in der Kneipe zusammensitzt. So ist das bei uns keineswegs. Es gibt eine andere Form der Freundschaft, die bedarf nicht des ständigen Miteinanders.

JENS Da zählen Begriffe wie Urbanität, Freundlichkeit, auch die Fähigkeit, ein Gespräch zu führen.

LORIOT Und noch eine Kleinigkeit. Norddeutsche,
zu denen wir ja beide gehören, gehen mit solchen Begriffen sehr vorsichtig um.

Sie haben ihn selbst gebraucht.

LORIOT Nein, Sie.

JENS Ich finde es sehr viel, wenn man sagen kann,
dieser Mensch, Loriot, ist mir von Grund auf sympathisch.

LORIOT Das veranlaßt mich zu erröten, und es in
aller Form zurückzugeben.

*Es macht Ihnen beiden offensichtlich großen Spaß, sich in
den Rollen Voltaires und Friedrichs wiederzufinden.*

JENS Ich liebe in Voltaire den weisen Hypochonder, den immer Kranken, und ich liebe natürlich den
Gegner allen Fanatismus, den Freund der Toleranz
und den Anwalt des Friedens. Ich kann mir nicht
vorstellen, daß die jetzt Regierenden viel Freude an
ihm hätten. Er ist schwach und liebenswert, so wie
ich mir Könige im Reich des Geistes idealiter vorstelle.

LORIOT Das Merkwürdige ist, daß viele dieser
Dinge auch auf Friedrich zutreffen. Er ist eben auch
nicht nur der militärische Herrscher, sondern ein
Mann, der auch an des Gedankens Blässe kränkelt.
Ein Mann, der eigentlich nicht als Kriegsherr gedacht
war, ein friedliebender Mensch. Wie er durch seine

Position in das getrieben wird, wofür ein Herrscher auch da ist, nämlich sein Reich zu befestigen, das macht den Reiz meiner Rolle aus...

Der Briefwechsel beginnt mit Lobeshymnen aufeinander und mit manchmal fürchterlichen Schmeicheleien.

LORIOT Das war die Zeit. Außerdem ist das Ganze französisch geschrieben, da ist es leicht, der Eleganz der Sprache zu verfallen.

Trotzdem ist doch ein Lächeln ob der vielen Rhetorik nicht zu übersehen.

JENS Selbstverständlich! Man hält es für inhuman, den anderen gleich mit dem Knüppel ins Gesicht zu schlagen, wie es heute so gerne geschieht, und dabei zu sagen: Ich bin aber wahrhaftig. Man wagt Formen. Bedenken Sie: Es ist für den jungen Friedrich nicht nichts, vom ersten Mann Europas gewürdigt zu werden, es ist für Voltaire nicht nichts, von einem kommenden Herrscher gewürdigt zu werden.

LORIOT Friedrich der Große war ein junger Mann und schrieb an den führenden Geist Europas. Da stand es ihm wohl an, auch als Kronprinz, eine Form zu wählen, die diesen Mann achtete.

Sie schätzen das Formelle?

LORIOT Ja, natürlich! Das ist von großem Reiz. Es ist ein schrecklicher Irrtum, Konvention für eine bloße Hülse zu halten. Sie macht unser Leben erst möglich. Es ist eine Konvention, bei Rot zu halten. Genauso gibt es Konventionen, die garantieren, daß wir uns nicht einfach den Schädel einschlagen.

JENS Ich würde gern einmal einen Essay schreiben: Lob der Höflichkeit. Heute ist man an Höflichkeit nicht mehr interessiert, auch nicht an Behutsamkeit, auch nicht im Feuilleton. Voltaire aber war daran interessiert.

LORIOT Man darf doch nicht vergessen, wie groß der Reiz ist, gelegentlich die Konvention zu brechen. Wenn sich Friedrich und Voltaire tatsächlich mal etwas um die Ohren schlagen, wird es unglaublich. Etwa wenn Voltaire sagt, es wäre doch schön, wenn Friedrich das geworden wäre, was er anfangs werden wollte: ein Philosophenherrscher. Darauf Friedrich: Ich hoffe, Sie werden endlich Philosoph und benehmen sich anständig.

JENS Das Exorbitante wird nur durch die Normalität, durch die Norm sichtbar.

Friedrich und Voltaire verstanden sich vor allem per Brief. Als Voltaire wirklich in Potsdam war, kamen sie nicht miteinander aus.

JENS Das muß doch nicht so sein.

LORIOT Es gibt Gegenbeispiele. *(zu Jens)* Etwa Ihre Ehe.

JENS Das stimmt. Ich bin 44 Jahre verheiratet, und

es wird immer interessanter. Wenn ich meine Frau am Morgen sehe, beginnt sofort das Gespräch. *(zu Loriot)* Ich hatte übrigens gerade ein wunderbares Gespräch mit Ihrer Frau. Wen würden wir einladen: Lessing sagte wenig, Fontane war im Gespräch beobachtend, Goethe monoman, Bismarck, das wäre interessant gewesen. Friedrich und Voltaire hätten wir sofort eingeladen. Das sind gesellige Menschen.

Was kann nach 44 Ehejahren noch interessant sein?

LORIOT Da das Leben ja weitergeht, gibt es doch täglich die Stellungnahme zum Neuen.

Man kennt doch den anderen durch und durch.

JENS Und plötzlich merkt man, er ist ganz anders.

LORIOT Da ist man zutiefst erschreckt, daß er plötzlich eine andere Meinung hat. Gott sei Dank.

JENS Nach so langer Zeit beherrscht man die Kunst der Verständigung über Kleinigkeiten, einer sagt zwei Sätze, ein Wort nur, und schon versteht der andere den Kontext. Winzige Hinweise, eine Handbewegung genügen.

Um das genießen zu können, muß man die Lust am Stil haben.

LORIOT Ohne die Lust an der Form funktioniert eigentlich nichts. Es ist sehr gefährlich zu denken, man käme ohne Form aus. Das ist es doch, was aus dem Briefwechsel besonders hervorgeht: wie wichtig

Form sein kann. Daß man sich durch Einhaltung gewisser Formen alles sagen kann, alles. Die Mißachtung der Form trägt dazu bei, daß man sich nichts mehr sagen kann.

Loriot

Advent

Es blaut die Nacht, die Sternlein blinken,
Schneeflöcklein leis herniedersinken.
Auf Edeltännleins grünem Wipfel
häuft sich ein kleiner weißer Zipfel.
Und dort vom Fenster her durchbricht
den dunklen Tann ein warmes Licht.
Im Forsthaus kniet bei Kerzenschimmer
die Försterin im Herrenzimmer.
In dieser wunderschönen Nacht
hat sie den Förster umgebracht.
Er war ihr bei des Heimes Pflege
seit langer Zeit schon sehr im Wege.
So kam sie mit sich überein:
am Niklasabend muß es sein.
Und als das Rehlein ging zur Ruh',
das Häslein tat die Augen zu,
erlegte sie direkt von vorn
den Gatten über Kimm und Korn.

Vom Knall geweckt, rümpft nur der Hase
zwei-, drei-, viermal die Schnuppernase
und ruhet weiter süß im Dunkeln
derweil die Sternlein traulich funkeln.
Und in der guten Stube drinnen,
da läuft des Försters Blut von hinnen.

Nun muß die Försterin sich eilen,
den Gatten sauber zu zerteilen.
Schnell hat sie ihn bis auf die Knochen
nach Waidmanns Sitte aufgebrochen.
Voll Sorgfalt legt sie Glied auf Glied
(was der Gemahl bisher vermied) –,
behält ein Teil Filet zurück
als festtägliches Bratenstück
und packt zum Schluß, es geht auf vier,
die Reste in Geschenkpapier.
Da tönt's von fern wie Silberschellen,
im Dorfe hört man Hunde bellen.
Wer ist's, der in so tiefer Nacht
im Schnee noch seine Runde macht?
Knecht Ruprecht kommt mit goldnem Schlitten
auf einem Hirsch herangeritten!
»He, gute Frau, habt ihr noch Sachen,
die armen Menschen Freude machen?«
Des Försters Haus ist tief verschneit,

doch seine Frau steht schon bereit:
»Die sechs Pakete, heil'ger Mann,
's ist alles, was ich geben kann.«
Die Silberschellen klingen leise,
Knecht Ruprecht macht sich auf die Reise.
Im Försterhaus die Kerze brennt,
ein Sternlein blinkt – es ist Advent.

Wolfgang Hildesheimer

Gedanken zu einem Gedicht
von Loriot

Im Jahr 1799 schreibt Caroline Schlegel an ihre Tochter: »Schillers Musenkalender ist auch da. Beim *Lied von der Glocke* sind wir gestern fast von den Stühlen gefallen vor Lachen.« – »Wir«, das sind die Brüder Schlegel und ihre Frauen Caroline und Dorothea, vielleicht auch Tieck und Novalis. Der Tatsache, daß Caroline und Dorothea eine Parodie der folgenden Passagen geschrieben haben, entnehmen wir genau, um welche es sich handelt:

Und drinnen waltet die züchtige Hausfrau,
Die Mutter der Kinder,
Und herrschet weise
Im häuslichen Kreise
Und lehret die Mädchen
Und wehret der Knaben
Und reget ohn' Ende
Die fleißigen Hände.

Caroline und Dorothea waren höchst emanzipierte Intellektuelle und daher weit davon entfernt, etwa die Schillersche Hausfrau als weibliches Ideal anzuerkennen. Und wären die jeweiligen Männer der beiden – die Schlegels waren ja nicht die einzigen – so spießbürgerlich gewesen, wie Schiller es, zumindest in seinen Ansichten, war, so wären die beiden Frauen in allem eigene Wege gegangen, wozu sie, ihrer Natur und ihrer Weltsicht nach, durchaus imstande gewesen wären.

Bei wiederholter Lektüre des wunderbaren Gedichts *Advent* von Loriot, das wohl der Periode seiner mittleren Reifezeit zuzurechnen ist, habe ich mich hin und wieder gefragt, was wohl die beiden Damen von der Heldin *dieses* Gedichts gehalten hätten, die, ohne jegliche Hilfe von außen, mutig und gefaßt, ihren eigenen Weg einschlägt. Ich denke, hier wäre ihnen das Lachen vergangen, sie wären nachdenklich geworden. Eine Genugtuung hätte für sie allein schon darin gelegen, daß hier eine Frau besungen wird, die mit beiden Beinen im Leben – freilich mit einem vielleicht schon in der Vollzugsanstalt – steht. Denn die weibliche Heldin ist in der deutschen Poesie selten. Mir fällt nur Bürgers Lenore und Goethes Johanna Sebus ein, die beide, jede auf ihre Weise, völlig anders angelegt sind als die Försterin Loriots. Wo der fundamentale Unterschied liegt, soll hier nicht erörtert werden. Ich behalte mir vor, eine separate Studie darüber zu schreiben.

Allerdings bin ich nicht sicher, ob die beiden Damen Schlegel nicht vielleicht doch ein leises Lächeln hätten unterdrücken müssen, angesichts dieser beiden Zeilen (bei denen Hugo Wolf, hätte er diese Strophen vertont, von d-moll nach C-Dur übergegangen wäre).

Er war ihr bei der Heimes Pflege
seit langer Zeit schon sehr im Wege.

Und wir selbst mögen uns ebenfalls fragen, ob hier nicht doch ein allzu bürgerlich-prosaisches Element anklingt, ähnlich dem des Liedes von der Glocke. Denn ein solches Motiv würde das Verfahren der Försterin zu kleinlicher Häuslichkeit reduzieren, während sie sonst um einiges größer angelegt erscheint. Dazu kommt ein thematischer Einwand: Es erscheint dem Leser offensichtlich, daß die Heldin dieses Heim nicht mehr lange pflegen wird, denn gewiß handelt es sich um eine Dienstwohnung, von der sie sich nunmehr wohl trennen muß, um fortan in der Stadt von der mageren Hinterbliebenenrente des Ministeriums für Landwirtschaft und Forsten zu leben, es sei denn, daß sie, resolut wie sie ist, sich auf andere Weise zu helfen

weiß, oder daß sie, wie schon gesagt, ihr Dasein für-
derhin im Zuchthaus fristet. Da wir nun schon bei
den – wahrhaft geringen – Schwächen des Werkes
sind:

Der Gedanke:

Voll Sorgfalt legt sie Glied auf Glied
(was der Gemahl bisher vermied) –,

an sich ein schöner Gedanke, befriedigt dennoch
nicht vollends. Hier wäre das Perfekt am Platz gewesen, denn dieses so subtil angedeutete Verhalten liegt
nunmehr in einer abgeschlossenen Vergangenheit, daher auch das Wort »bisher« etwas Irreführendes hat.
Denn es hätte ja zu bedeuten, daß der Zustand, auf
den es sich bezieht, sich in Zukunft ändern mag, wo-
von kaum die Rede sein kann.

Sonst aber erscheint mir dieses Gedicht vollkommen. Das Lyrische und das Balladeske halten einan-
der die Waage. Der thematische Aufbau der Waldnacht
ist ein Stimmungsbild, das uns unwillkürlich an das
Abendlied des Matthias Claudius erinnert, es entspricht
derselben Innigkeit, und man möchte sich beinah
die Worte »Verschon' uns, Herr, mit Strafen« aus dem
Mund der Försterin vorstellen. Der Leser wird durch
den Tann – vielleicht auch durch Birk und Busch –

langsam dem erleuchteten Fenster entgegengeführt, hinter dem die gute Frau bei vorweihnachtlichem Kerzenschimmer schweigend, oder gar ein Liedchen summend, ihrer geheimnisvollen Tätigkeit nachgeht. Hier denn ist behutsam ins Dichterische abgewandelter Realismus, dem sich alsbald das Märchenelement zugesellt. Mit Silberschellen kündigt sich himmlisches Geschehen an, begleitet von dem irdischen Geräusch des Hundebellens, und schwebt als betörender Adventszauber in Form des hirschreitenden Knecht Ruprecht näher. Der goldene Schlitten ist, so denke ich, für die milden Gaben, die hier um sechs Köstlichkeiten bereichert werden. Der munterderben Frage Knecht Ruprechts: »He, gute Frau...« antwortet die Frau in schöner Bescheidung: »'s ist alles, was ich geben kann.« Aus diesen Worten spricht edle Genügsamkeit. Die Försterin nimmt ihr Schicksal auf sich und gibt sich über ihre Witwenrente keinen Illusionen hin. Loriot hat den Mut zur Schlichtheit. Er wird niemals hermetisch, aber auch, trotz der lapidaren Wucht der Mitteilung, niemals grob realitätsbezogen; immer hebt das vorherrschende Erhabene die nüchterne Mitteilung in seinen Bereich. Der Dichter bleibt stets in souveränem Bewußtsein der Zusammenwirkung alles Bestehenden.

In dieser wunderschönen Nacht
hat sie den Förster umgebracht.

In der großartigen Selbstverständlichkeit der Reihung
mitunter starker Kontraste liegt die Stärke Loriots.
Denn obwohl sie den Charakter einer Sendung niemals völlig verleugnet, enthält sie kein Pathos wie das
Werk Stefan Georges und auch kein Selbstmitleid wie
das Rilkes. Loriot ist einer jener Großen, die, obgleich
sie tief in den Dingen stecken, niemals von sich selbst
sprechen.

So gehört denn auch dieses Gedicht in jedes deutsche Haus, es wird nicht altern, sondern in seinem
stillen Glanz, seiner verhaltenen Gemütstiefe, ewig
frisch bleiben. Dazu kommt, daß jedes Kind es zu
verstehen, wenn vielleicht auch noch nicht in seiner
letzten Tiefendimension auszuloten vermag, in jener
sublimen Einheit von Stoff und Form, die das große
Kunstwerk ausmacht.

Peter Wapnewski

Loriot, der Aufklärer

Beruf und Amt legen es nur allzuoft nahe, sich gutachterlich zu äußern über eine Person und Persönlichkeit, deren Qualität es in bezug auf diese oder jene Funktion abzuwägen gilt. In manchem Fall eine saure, jedenfalls nicht unbedenkliche Mühe – in wohl keinem Falle ist es mir je so leicht geworden wie in dem der Vicco v. Bülow betreffenden Anfrage. Hier können Gewissen, Wissen und Feder es sich leichtmachen. Über all das hinaus, was die Welt von ihm in seiner Maske als Loriot weiß oder zu wissen meint, stelle ich aus jahrzehntelanger Vertrautheit mit seiner Person wie seinem Werk fest, daß er vor allem eines ist: ein großer Aufklärer. Und das meint: ein großer Lehrer.

Um diese Bestimmung zu präzisieren: In seinen Zeichnungen, seinen sich aus ihnen bildenden Geschichten, in seinen Sketchen, in seinen für das Fernsehen, für den Film, für die Bühne arrangierten Piecen legt er konsequent das Abgründige im Vordergründigen offen: das Absurde im scheinbar Normalen; die abgrundtiefe Komik im nüchternen Ernst; die dämonische Nichtigkeit im vorgeblich Wichtigen. Man möchte ihn abtun und bewundern als Spaßmacher – und es ist wahr, »Spaß« macht er auch, will sagen: Die von ihm vorgeführten Szenen zu betrachten erzeugt höchstes Vergnügen. Wenn wir aber mit Kant die Musik als »ohnschuldige Sinneslust« definieren, so schenkt uns die Musik, nach der Loriots Gestalten tanzen, durchaus Sinneslust, bewehrt mit dem Gepäck der »Schuld«, will sagen mit der Mitgift, wie sie der *Condition humaine* eigen ist. Und das heißt: Es sind in allem Menschsein die Erbärmlichkeit und Kleinlichkeit, die Angst und die Eifersucht, der Neid und die Mißgunst, der Ehrgeiz und die Schadenfreude angesiedelt, und so vieles mehr – und sie alle tummeln sich mit dem gewichtigen Anspruch ihrer Wichtigkeit in der Szenerie jenes Karnevals, den uns Saint-Saëns als den der Tiere vorführt und den Bülow-Loriot mit unnachahmlichem Einfühlungsvermögen so oft vor uns hat Revue passieren lassen. So aber ist es: Wir alle könnten es wissen, ja wir wissen es, aber nur er macht uns bewußt, welches Inferno an Komik die Fadennudel im Mundwinkel birgt...

Es ist dies alles in ihm: der Brandenburg-preußische Edelmann; der Gaukler; der Zauberer; der Illusionist

und Desillusionist; der ingeniöse Imitator und Paro-
dist; der Erfinder der Steinlaus und der Zwei-Mann-
Badewanne; Dichter und Berichter, der mit wenigen
Strichen in den Szenen einer Ehe die Fragwürdigkeit
der Institution Ehe deutlich macht.

Es läßt eine notwendigerweise kurz sich fassen müs-
sende gutachterliche Stellungnahme nicht den Raum,
die Fülle und Weite der Begabung, Leistung und Ver-
dienste aufzuzählen. Um es mit einem Wort zu sagen:
Bülow ist die Inkarnation der allem Lernen vorausge-
henden Forderung, *ridens dicere verum,* im Lachen die
Wahrheit zu sagen. Die Wahrheit dem Lachen preis-
zugeben. Im Lachen die Wahrheit enthüllen.

Und das ist viel. Um nicht zu sagen, es ist alles, was
ein Künstler vermag, was ein Lehrer vermag, was ein
Aufklärer vermag. Und in solchem Sinne ist alles, was
er tut, auch wohlgetan. Wahrlich, er ist eines jeglichen
verantwortungsbelasteten Amtes würdig. Jeder eh-
renden Ehre würdig. Denn seine Kunst verdankt sich
der Überzeugung, so wie sie überzeugt. Ein Überzeu-
gungstäter. Mehr: Er ist ein Wohltäter.

Loriot
... noch Fragen?

Hochverehrter Herr Präsident,
hochverehrter Herr Dekan,
sehr verehrte Spektabilitäten,
sehr verehrte Gäste,
liebe Studenten und Studentinnen,
meine Damen und Herren,

das Gehörte unbewegt und leichten Sinnes hinzunehmen ist mir nicht möglich, aber auch für das Hochgestimmte fehlen mir die Worte. Zugegeben, kein guter Einstieg für eine angehende Lehrkraft, doch wage ich in verbaler Einfalt den Dank von ganzem Herzen. Nicht zuletzt auch an die Musiker und Sänger für die festliche Umrahmung dieses für mich so bedeutsamen Tages.

Durch mutwilliges Ignorieren meines ohnehin seit fünfzehn Jahren behinderten Ruhestandes und mit der in Künstlerkreisen verbreiteten Bedenkenlosigkeit ist es heute der Universität der Künste gelungen, im Rahmen einer Feierstunde das Durchschnittsalter ihrer Professoren bedrohlich anzuheben.

Diese Maßnahme dient wohl nicht nur dem sozialen Bemühen, einen bejahrten Herumstreuner wieder zu sinnvoller Tätigkeit anzuleiten. Man profitiert auch von Senioren, da sie zwischen dem achten und neunten Lebensjahrzehnt zu interessanten Gedächtnislükken neigen. Plötzlich entfallen die Namen bekannter Schauspieler und Politiker, Titel von Opern, Dramen und Ähnliches, liegen weder auf der Zunge noch sonstwo. Dann beleben die gemeinsame intensive Suche und das seltene Auffinden der fraglichen Begriffe den Hörsaal, aktivieren das restliche Bildungsgut und festigen so den Zusammenhalt von Lehrendem und Lernenden.

Ein weiterer Vorzug des alten Menschen beruht auf seiner Überzeugungstreue. Diese auch als Altersstarrsinn geschätzte Eigenschaft beendet unergiebigen Gedankenaustausch. Ein in höherem Alter willkommener Zeitgewinn. Damit ist die Gelegenheit, meine Altersgruppe akademisch aufzuwerten, ausreichend genutzt, und ich beeile mich, Rechenschaft darüber abzulegen, welchen Weg ich ging, bevor man mich so ehrenvoll in diesem Haus willkommen hieß:

Ich kam vom Savignyplatz, folgte der Carmerstraße, überquerte unfallfrei die Hardenbergstraße und war eigentlich schon da. Aber ich sollte vielleicht etwas weiter ausholen: Meine Vorfahren waren ansässig im Mecklenburgischen und vermutlich seriöse, fleißige Raubritter. Ihr Repertoire anspruchsvoller Unterhaltung mag begrenzt gewesen sein.

Ob man nach dem Abendessen zur Laute griff, um mittelhochdeutsches Liedgut vorzutragen, oder im Arrangieren lebender Bilder Zerstreuung fand, ist nicht überliefert. Verbürgt ist jedoch eine langjährige Erfahrung in der Aufzucht brauchbarer Soldaten, Landwirte und Staatsdiener, deren Wissensdurst sich auf Heeresdienstvorschrift, die Bibel und den Kalender *Wild und Hund* bezog.

Nur zögernd verweise ich in diesem Zusammenhang auf eine gefährliche, nur im engsten Kreise der Familie vererbte Schwäche: den Hang zur Bühne. Die Tagebucheintragung vom 13. April 1821 meines Berliner Ururgroßvaters, eines Majors der Kavallerie, zeugt immerhin von militärischer Eindeutigkeit und hohem künstlerischem Anspruch: »In der Oper gewesen, ›Iphigenie in Aulis‹ gehört, große Langeweile gehabt...«

Zwei Generationen danach suchte und fand mein späterer Großvater, seinerzeit Berufsoffizier, musische Erfüllung auf dem Gebiet der darstellenden Kunst. Er liebte es, bei gesellschaftlichen Anlässen deutsche Balladen vorzutragen und in Fällen nachlassender Aufmerksamkeit Weingläser zu zertrümmern.

Die Lust zu deklamieren überkam auch seinen Sohn, meinen Vater. Ebenfalls ein Offizier, nur vergriff sich dieser nicht an Gegenständen, sondern verschreckte die Teilnehmer festlicher Abendessen durch spontanen Vortrag dramatischer Poesie, deren Wirkung er in eigenwilliger Betonung beängstigend zu steigern wußte.

Die darstellende Kunst erhob drohend ihr Haupt, und es lag die Befürchtung nahe, das unheilvolle Treiben der Vorväter könnte sich auf mich übertragen und meine geordnete militärische Zukunft gefährden. Aber der Achtjährige war noch nicht soweit. Ich schämte mich der ungebremsten väterlichen Leidenschaft und erlag einer pubertären Schüchternheit, die mich nie verlassen hat und mir jetzt rät, mein Inneres nicht weiter auszubreiten.

Nur soviel sei gesagt: Es ist mir in achtzig Jahren nicht geglückt, mich dauerhaft auf eine Tätigkeit zu konzentrieren, die man als Beruf bezeichnet. Die traditionsbeschwingte Militärkarriere hat sich von selbst erledigt, eine Stellung als Holzfäller führte zu gesellschaftlicher Entwurzelung, und nach abgeschlossenem Studium der Malerei umspielten mich nur Tausende von kleinen Männchen, die allerdings dann längere Zeit meinen Lebensunterhalt bestritten.

Doch auch dieser Abschnitt blieb Fragment. Zur Lebensmitte hin erlag ich dem Lockruf des Fernsehens, gedachte meiner Vorväter und folgte ihrem Trieb, anderen etwas vorzumachen.

Aus Gründen, die nicht hierhergehören, fesselte mich über acht Fernsehjahre das Thema Kommunikationsstörung zwischen Mann und Frau. Ein dankbares Thema, das nach meinem Verlassen der TV-Studios zwei Kinofilme belastete.

Aber der Gedanke, nun aus der Tätigkeit des Regisseurs oder Bühnenbildners, Schauspielers oder Autors einen ehrlichen Beruf zu machen, ist mir nie gekommen. Statt dessen warf ich mich, trotz schwacher Begabung, auf meine große Liebe, die Musik. Meine Kenntnisse auf diesem Gebiet beruhen auf dem Grammophon meines Vaters und einer Sammlung von etwa fünf überanstrengten Schellack-Platten aus den zwanziger Jahren. Dieser Aufwand erwies sich als sinnvoll, denn fünfzig Jahre später musizierten die Berliner Philharmoniker unter meiner Leitung. Auch das so liebenswürdige Orchester der Deutschen Oper Berlin, dem anzugehören ich die Freude habe, gewährte eine fruchtbare Zusammenarbeit, als ich versprach, weder zu singen noch zu geigen.

Das galt auch für diverse andere Opernhäuser. Aber der Gedanke, beruflich nun doch eine feste Bindung einzugehen, war ungewohnt und ließ mich zögern. In diesem Moment der Wehrlosigkeit traf mich der Pfeil der Universität der Künste: ein Lehrauftrag.

Ich unterdrückte einen Anfall spontaner Freude und gab zu bedenken, daß nichts von mir zu lernen sei, außer einigen unzeitgemäßen Umgangsformen. Meine Warnung drang jedoch nicht durch, ich gab klein bei und suche nun zwischen den Irrungen und Wirrungen meines Berufs- und Lebenswandels nach Erfahrungen, die vielleicht, wie Möbel, durch Alterung gewinnen.

Ich danke der Universität der Künste für das große Vertrauen, für die ehrenvolle Berufung und die so schöne Aufgabe meiner späten Jahre .... Noch Fragen?

Guten Tag!

Franziska Sperr und Jan Weiler

»Altern ist eine Zumutung«

Ein Gespräch

Herr von Bülow, in Umfragen zu den beliebtesten Schauspielern und Entertainern landen Sie oft auf Platz eins. Sie gelten als einer der bekanntesten Deutschen überhaupt. Wollen Sie versuchen, Ihre Popularität zu erklären?

Nein.

Sie stehen kurz vor der Seligsprechung. Man geht sehr respektvoll mit Ihnen um...

...manchmal vertraut man mir sogar familiäre Details aus dem Leben in Mannheim an, auch Näheres von der verheirateten Tochter in Gelsenkirchen.

Und was sagen Sie dann?

Ich bedanke mich für so viel freundliche Zuwendung und sage alles, was ich über Mannheim und Gelsenkirchen weiß.

Wenn Sie fliegen, macht der Pilot gern die Durchsage:»Auf der linken Seite sehen Sie Kassel«, das stammt aus einem Sketch über Flugreisen.

Ja, ich darf dann im Cockpit sitzen und werde mit den wichtigsten flugtechnischen Handgriffen vertraut gemacht. Dabei gerät das Flugzeug gelegentlich in Schräglage. Irgendwann werde ich wohl auch mal den Steuerknüppel übernehmen müssen. Sicherer wäre es, wenn ich während des Fluges bei meinen Kreuzworträtseln bliebe.

Fühlen Sie sich beobachtet?

Merkwürdig war es schon, als ich mal ein neues Bett benötigte und es ausprobieren mußte. Da lag ich nun, der ganze Laden stand um mich rum, und jeder konnte den Text auswendig.

Hatte das Bett wenigstens Spannfedermuffen?

Das sind Ausgeburten meiner hemmungslosen Phantasie.

Aber damit haben Sie die deutsche Sprache geprägt...

Ach was?!

... mit eben genau diesen kleinen Füllseln. Ohne Sie kein gedehntes »Moooment«, kein »Ach was?!«. Ist Ihnen die Wirkung Ihrer Sprache auf die Ihres Publikums bewußt?

Es hat mich überrascht. Diese Worte stehen einfach in einem ungehörigen Zusammenhang. Wenn jemand bemerkt: »Ihre Frau ist sympathisch«, und der Ehemann sagt: »Ach was?!«, wirkt das verblüffend.

Sie haben auch die Beamten- und Politikersprache populär gemacht.

Eine Politesse, die sich mit einem Autofahrer über

das Funktionieren eines Parkautomaten auseinandersetzt, bricht unter der verdrallten Autorität ihrer eigenen Fachsprache zusammen. Da kommt dann auch leider Schadenfreude ins Spiel. Außerdem hat die deutsche Sprache wundervolle Substantive, die im Rahmen einer Liebeserklärung enorme Wirkung haben: Auslegeware oder Sitzgruppe beispielsweise.

Kommt man hier hinter das Geheimnis der Loriot-Komik?

Keine Ahnung, ob es da ein Geheimnis gibt. Ich habe einfach immer nur getan, was mir Spaß macht. Als ich zum Beispiel anfing, Zeichentrickfilme zu drehen, wollte ich nicht die übliche Masche wiederholen. Das zappelige Tempo gefiel mir nicht. Ich sah den Reiz des Zeichentrickfilms in einer ungewohnten Langsamkeit, in seiner Nähe zur Realität.

Die Herren im Bad wären als richtiger Film nicht lustig?

Überhaupt nicht. Andersherum wäre die Geschichte vom Lottogewinner im Zeichentrick viel weniger absurd, und die Nudel an der Lippe ist überhaupt nur im Realfilm denkbar. Mit der Entscheidung für eine falsche Technik kann man jede Wirkung verkorksen.

Vieles in Ihren Filmen und Fernsehsendungen wirkt sehr choreographiert, berechnet.

Das mag sein. Bei der Geschichte mit dem Mann und der Kalbshaxe Florida muß das quälende Gefühl entstehen, es sei eine Maschinerie gegen ihn in Bewegung, der er nicht entkommen kann.

Warum geht bei Ihnen so oft etwas zu Bruch?

Zerstörung, Mißlingen, Destruktion ist Teil jeder Komik, egal, ob nun in Worten oder Taten.

Welche Szene ist Ihrer Meinung nach die populärste?

Vielleicht das Frühstücksei, es berührt ein Thema, das mir immer sehr am Herzen lag: die Kommunikationsstörung.

Sind Sie in dieser Angelegenheit auf seiten des Mannes?

Ausnahmsweise. Denn meist stört mich das Gehabe meiner Geschlechtsgenossen.

Ach ja... zwei nackte Herren zwängen sich in eine Badewanne, und jeder beharrt auf seiner überlegenen Stellung im Berufsleben.

Was ist daran übertrieben?

Es gibt Millionen Menschen, die ständig Ihre Sketche nacherzählen. Überall trifft man auf Leute, die Sie zitieren. Stört Sie das?

Nö.

Wir sind ein Volk von Loriot-Klonen, und Sie sind schuld.

Ich bitte um Vergebung.

Zu Ihren populärsten Figuren gehörten Wum und Wendelin. War Wendelin schwul?

Ach nein, er sprach nur so nasal, weil er einen Rüssel hatte.

Aber er wirkte schon sehr weiblich.

Er war wohl noch vor der Pubertät, da kann man das nicht so genau unterscheiden.

Ihre Figuren gehören immer dem Mittelstand an. Ihr Publikum auch?

Die Klassenunterschiede spielen in Deutschland keine große Rolle, schon gar nicht im Hinblick auf meine Überlegungen.

Sind Sie einverstanden, wenn man sagt, Ihre Figuren seien im Durchschnitt gebildeter, anspruchsvoller und sprachlich besser geschult als Ihre Zuschauer?

Auf welches Glatteis wollen Sie mich denn mit dieser Frage locken? Richtig ist, daß ich mir mit der Sprache große Mühe gebe.

Dasselbe gilt für passende Namen. Wie kommt man auf gute Namen?

Das ist sehr mühevoll. Komik im Verhalten von Menschen entwickelt sich aus Normalität. Heitere Phantasienamen schieben die Situation auf eine ganz andere, unwirkliche Ebene. Der große humoristische Stilist Thomas Mann machte mich immer etwas ratlos mit den Herren Kuckuck, Pepperkorn und Grünlich.

Wenn also der Regisseur in Ihrem »Das ist Ihr Leben«-Sketch nicht Ted Braun, sondern Albert Kuckuck hieße, wäre die Szene nicht so komisch?

Es hätte die Sache erwürgt.

Wir sprechen also von vollkommen normalen Namen, über die plötzlich jeder lacht: Herr Striebel, Herr Moosbach, Herr Vogel beim Skatspielen. Herr Müller-Lüdenscheidt, Herr Dr. Klöbner, Herr Lohse in ›Pappa ante Portas‹.

Diese Namen sind von solidem bürgerlichem Klang und sorgen für die Glaubwürdigkeit der Geschichte.

Wußten Sie, daß es in Köln ein Lokal gibt, das nach Herrn Hallmackenreuther benannt ist?

Ach nee. Und was gibt es da?

Man kann gut frühstücken. Wieviel Zeit nehmen Sie sich für Namen?

Mehr als mir lieb ist. Eine Idee für einen Sketch kommt schneller als die Namen der Personen, die darin auftreten.

In dem Film ›Die Sunny-Boys‹ nach dem Bühnenstück von Neil Simon sagt Walter Matthau zu seinem Neffen auf die Frage, welche Wörter komisch sind: »Wörter mit ›P‹ sind komisch, Wörter mit ›K‹ sind komisch, ›Pickel‹ sind komisch. Nicht wenn man sie hat, aber wenn man sie sagt.« Haben Sie nach solchen Regeln gearbeitet?

Mit Pickeln nicht.

Die von Ihnen gespielten Figuren sprechen das »S« manchmal so merkwürdig.

Weil ich einen »S«-Fehler habe.

Verzeihung.

Bitte. Ich teile dieses Schicksal mit den meisten Berlinern.

Wie beobachten Sie den Wandel der Sprache? Sind Sie in Sorge?

Die Anglisierung unserer Sprache steigert sich allmählich in eine monströse Lächerlichkeit. Deutsch wird uncool. Gleichzeitig blamieren wir uns mit Worthülsen wie »Ich erwarte mir« oder »Ich gehe davon aus«.

Leiden Sie darunter?

Ziemlich. Ich wollte mal einen Brief in einen Kasten werfen, auf dem stand, daß er um zehn Uhr dreißig geleert werde. Er war aber schon geleert, und es war erst zehn. Als ich am nächsten Tage den Postbeamten um eine Erklärung bat, sagte er: »Ich bin davon ausgegangen, daß keiner mehr kommt.«

Manche Ihrer Szenen haben mehrere Ebenen der Komik. Der Herr mit der Nudel ist ja nicht nur wegen der Nudel komisch...

Es liegt wohl auch an der schockähnlichen Sprachlosigkeit der Partnerin. Der penetrante Liebhaber wird ebenso durch sie wie durch die Nudel dekuvriert.

Stimmt der Satz: Die Hölle sind immer die anderen?

Na ja, manchmal ist man sich auch selbst der Deibel...

Sie hatten viel Glück in der Auswahl Ihrer Schauspieler.

Evelyn Hamann ist wirklich wunderbar, auch Ingeborg Heydorn.

Oder Heinz Meier, der Mann mit dem Schnurrbart. Er ist immer entweder schlechtgelaunt oder das perfekte Opfer.

Ein großartiger Schauspieler. Diese Genervtheit im Skat-Sketch und das Hilflose des Lottogewinners kann niemand so spielen wie er.

Es wurde sicher viel gelacht beim Drehen.

Nein, gar nicht.

Das glauben wir Ihnen nicht.

Ist aber so. Wenn die Kamera läuft, ist jeder im Team mit seiner Arbeit und sich selbst beschäftigt. Außerdem drehten wir jeden Take durchschnittlich 15mal. Lachen ist da eher hinderlich.

Verliert man dabei nicht die Sicherheit, daß die Szene auch wirklich komisch ist?

Eine tragische Szene zu drehen ist jedenfalls einfacher. Komik funktioniert nur bei perfektem Timing und exaktem Rhythmus. Die Entscheidung, ob etwas komisch ist oder nicht, ist in den Monaten vorher am Schreibtisch gefallen. Wenn einem beim Drehen Zweifel kommen, ist man erledigt. Und wenn man nach Abschluß der Dreharbeiten am Schneidetisch einen unabänderlichen Fehler entdeckt, möchte man aus dem Leben scheiden.

Wie oft haben Sie den Sketch mit dem schiefen Bild gedreht, bis er perfekt war?

Das war extrem schwierig. Wir mußten die Sache beim ersten Mal im Kasten haben, weil wir keine Zeit hatten, das ruinierte Zimmer ein zweites Mal aufzubauen. Tatsächlich haben wir dann nur einen einzigen Take gebraucht, mit mehreren Kameras aus verschiedenen Positionen. Die Szene war übrigens nicht ungefährlich. Durch den Sturz auf den Tisch hätte mich ein schwerer Leuchter fast enthauptet. Ein Finale von fraglichem Unterhaltungswert.

Waren Sie ein fröhliches Kind?

Nicht besonders. Ich war still und schüchtern.

Hatten Sie eine schöne Kindheit?

Nach dem frühen Tod der Mutter verlebte ich die Kindheit bei meiner Großmutter in Berlin. Sie war von einer Engelsgeduld im Beantworten meiner Fragen, vermittelte mir unversehens die Grundlagen einer nützlichen, altmodischen Allgemeinbildung und führte mich am Klavier durch die Opern von Mozart bis Puccini. Davon zehre ich noch heute.

Sie kommen aus einer Soldatenfamilie. Was haben Sie im Krieg gemacht?

Ich machte mit 17 das Notabitur, begann als Panzergrenadier eine Offizierslaufbahn, wurde Oberleutnant und verbrachte drei Jahre in Rußland.

Warum wollten Sie Soldat werden?

Es war eine Familientradition und wurde seit Jahrhunderten nicht in Frage gestellt.

Waren Sie ein guter Soldat?

Nicht gut genug, sonst hätte ich am 20. Juli 1944 zum Widerstand gehört. Aber für den schauerlichen deutschen Beitrag zur Weltgeschichte werde ich mich schämen bis an mein Lebensende.

Was machten Sie nach dem Krieg?

Nichts. Oder doch... ich verdiente mir meine Lebensmittelkarten als Holzfäller. Ein Jahr lang. Dann folgte ich dem Rat meines ungeduldigen Vaters und begann ein Studium an der Hamburger Landeskunstschule.

War das nicht eine Überwindung für Ihren Vater?

Nein. Er war ein Mann ohne Vorurteile. Er erkannte einen künstlerischen Beruf für seinen Sohn als richtig, obwohl er selbst, abgesehen von einer Neigung zum Vortragen klassischer Balladen, nicht musisch veranlagt war. Mit dem Tage der Währungsreform 1949 erhielt jeder Bürger vierzig Mark der neuen Währung. Mein Vater kaufte von dem Geld einen Zauberkasten.

Für Sie?

Nein, für sich. Er kaufte sich einen Zauberkasten und reiste zu mir nach Hamburg, um meine Freundin und mich mit einer magischen Vorstellung zu verblüffen. In meinem Acht-Quadratmeter-Zimmer steigerte sich diese Darbietung dann zwischen guter Absicht und mißratenen Effekten zu einem Desaster von schier wahnsinniger Komik. Die vierzig Mark hätten nicht besser angelegt sein können. Und aus der Freundin wurde meine Frau, mit der ich noch immer verheiratet bin. Als mein Vater im Sterben lag, saß ich bei ihm und begann einen Satz mit den Worten: »Ich kann mir nicht vorstellen…« und machte eine Pause. In diese Pause hinein sagte mein Vater: »Du brauchst dir nicht vorstellen, ich kenn dir ja schon.« Ich habe ihn sehr geliebt.

Durch Ihr Studium wurde aus einem Leutnant ein Künstler. Viel größer könnte der Bruch nicht sein. Wann haben Sie das Komische als Berufsmöglichkeit entdeckt?

1949. Ziemlich am Schluß des Studiums. Auf einer Party lernte ich eine Sekretärin vom *Stern* kennen, die mir die sensationelle Miteilung machte, diese Illustrierte würde fünfzig Mark für eine witzige Zeichnung bezahlen. So wurde ich Cartoonist. Meine erste Serie hieß *Auf den Hund gekommen.* Leider hat Henri Nannen sie nach nur sieben Folgen eingestellt, weil die Abonnenten protestierten. Ich habe dann *Reinhold das Nashorn* auf den Weg gebracht. Nannen sagte, er wolle es nur haben, wenn mir mindestens vier Episoden dazu einfielen. Die Serie lief dann 17 Jahre.

Haben Sie am Anfang Ihrer Karriere kämpfen müssen?

Kaum. Nur die Buchverlage hielten sich sehr zurück. Auch Rowohlt wollte mich nicht, was man sich dort später vorwarf. Ich hörte dann von einem gewissen Daniel Keel, der in Zürich einen Einmannverlag gegründet und bis dahin nur ein Buch herausgebracht hatte. Und der nahm mich. Das war der Diogenes Verlag, der jetzt gerade fünfzigsten Geburtstag hat.

Schon damals spielte der Text zu Ihren Zeichnungen eine große Rolle.

Eher waren es Zeichnungen zu Texten. Ich habe jedenfalls immer versucht, das eine vom anderen abhängig zu machen.

1968 schrieben Sie in das Vorwort Ihres Buches ›Loriots Großer Ratgeber‹: »Nach etwa zwanzig Lehrjahren sah ich mich nun imstande, ein kleines Männchen zu zeichnen, das mich bis heute ernährt.« Womit fangen Sie an, wenn Sie das Knollennasenmännchen zeichnen?

Mit den Haaren. Nicht mit der Nase.

Wie viele waren das wohl so im Lauf der Jahre?

Keine Ahnung… na, vielleicht so 20 000.

Diese Figur hat etwas sehr Melancholisches. Selbst Frauen haben immer diese steife Oberlippe und sind nie wirklich hübsch.

Wer ist schon wirklich hübsch? Jeder Karikaturist neigt zu melancholischen Figuren. Sie haben was Tröstliches.

Täuscht uns der Eindruck, oder sparen Sie das Sexuelle aus?

Da ist Ihnen wohl etwas entgangen…

Was?

Darauf müssen Sie ohne meine Hilfe kommen.

Das Knollennasenmännchen ist typisch deutsch.

Ist das ein Kompliment? Es trägt einen Stresemann und hat eine gewisse Würde, die es gelegentlich verliert. Vielleicht ist das deutsch.

Zu Ihrer Welt gehören auch Möpse und Buchsbäumchen. Alles ist eher altmodisch.

Ja, das ist es. Wenn ich Autos zeichnete, waren es die Automobile aus meiner Kindheit, Türen hatten immer Füllungen, die Möbel stammten aus der Gründerzeit. Auch meine Figuren paßten nie in die Epoche, in der ich sie gezeichnet habe. Das waren die vertrauten Eindrücke der Kindheit im Schutz der Großmutter. Ich bin sehr geprägt von diesen Resten bürgerlicher Romantik. Das hat sich im Lauf der Jahre als Vorteil erwiesen: Unzeitgemäßes hält sich länger.

Woher wissen Sie, was komisch ist?

Aus Erfahrung. Aber es gibt auch Regeln. Jerry Lewis hat viele davon aufgestellt. Eine lautet: Wenn du als Entertainer auf die Bühne gehst, mußt du als Allererstes eine sehr gute Geschichte erzählen. Und dann zwanzig Sekunden später noch so eine. Von da an kannst du alle zwanzig Sekunden machen, was du willst. Das Publikum wird im selben Rhythmus weiterlachen. Aber über den Zusammenhang von Komik und Rhythmus sprachen wir schon. Sie brauchen nur Harald Schmidt zu beobachten. Der hat das im kleinen Finger.

Wie vermeidet man es, Dinge zu tun, die nicht komisch sind? Sie müssen es wissen, Sie hatten nie einen Flop.

Man muß sehr rigoros sein und mehr wegschmeißen, als man verwendet. Mir fällt das nicht schwer, manche Texte lese ich einem Mitarbeiter oder meiner Frau vor. Wenn sie nicht reagieren, schreibe ich es um oder werfe es weg. Aber das liegt nun hinter mir.

Leider.

Nein. Nicht leider. Ich habe immer, wenn ich meinte, eine Sache nicht mehr besser machen zu können, damit aufgehört. Das war so mit dem Zeichnen und auch mit dem Fernsehen.

Sie hatten doch sicher hochdotierte Angebote von den Privatsendern?

Schon, aber die wollten zwölfmal im Jahr eine Sendung, und das geht nicht. Nicht auf gleichbleibendem Niveau.

Sie hätten steinreich werden können.

Es tut mir leid, daß ich Sie enttäuschen muß, aber ich blieb immer bei dem, was mir Spaß machte.

Sind Sie eigentlich noch Loriot?

Viele nennen mich so. Aber inzwischen hat sich auch mein richtiger Name rumgesprochen.

Das hat wohl auch damit zu tun, daß Sie sich als Loriot rar machen. Wie ist denn der Ruhestand so?

Er fängt irgendwie nicht an. Ich versuche das meiste abzusagen, aber manchmal kann und will ich den Kopf nicht aus der Schlinge ziehen.

Sie geben keine Interviews mehr?

Nur noch dieses hier.

Warum?

Es ist nicht abendfüllend, über sich selbst zu reden. Außerdem ist noch viel anderes zu tun.

Was denn?

Ich moderiere Konzerte, verwalte das Getane, beantworte Briefe, mache Ordnung für die Nachkommen und kümmere mich um meine Familie. Gelegentlich fahren wir auch in unsere kleine Berliner Wohnung, gehen in die Oper, ins Theater und natürlich ins Kino.

Was sehen Sie sich an?

Zuletzt *Italienisch für Anfänger* und den hinreißenden deutschen Film *Bella Martha* von Sandra Nettelbeck.

Gibt es so etwas wie Altersweisheit?

Kaum. Die Jahre vergehen fast zu schnell, um aus Erfahrungen zu lernen. Wenn man jung ist, teilt man die Menschen in zwei unveränderliche Gruppen: Alte und Junge. Und wenn man alt ist, teilt man sie in Kranke und Gesunde. Erst sehr spät lehrt die Erfahrung, daß man keiner Gruppe entkommt.

Seit wann glauben Sie zu altern?

Die Erkenntnis, alt zu sein, kommt nicht allmählich. Sie überfällt einen ganz plötzlich. Man wacht eines Morgens auf und stellt fest: So, jetzt bist du alt. Ein Anlaß zu staunen.

Oder zur Besorgnis?

Karl Valentin sagte, man liest jeden Tag die Traueranzeigen, damit man weiß, wer noch lebt. Eine gewisse Ängstlichkeit macht sich breit, die Ungewißheit über die Fortdauer der Gesundheit.

Dafür müssen Sie wenigstens nicht mehr arbeiten.

Das Alter ist nicht der erwartete beschauliche Ausklang. Die Genußfähigkeit nimmt nicht zu, der Wein schmeckt nicht besser. Jaja, man kann den Enkeln Märchen vorlesen und lange spazierengehen. Aber das Getriebe ist nun mal seine 250 000 Kilometer gelaufen und sollte ausgetauscht werden. Auch die kleinen Übel gehen einem langsam auf die Nerven.

Was sind das für Übel?

Ächzendes Verlassen des Taxis, Zögern bei der letzten Treppenstufe, Unauffindbarkeit des zweiten Mantelärmels, zu Hilfe eilende junge Damen... Altern ist schon eine Zumutung.

Können Sie sich erinnern, wann genau Sie das Gefühl hatten, nun alt zu sein?

Nee, nicht genau, ich war so um die Siebzig. Da ärgerte mich meine Vergeßlichkeit. Die findet man nur eine Weile komisch.

Über diesen Punkt sind Sie hinaus.

Allerdings, Namen, Daten und Filmtitel sind in entscheidenden Momenten wie weggeblasen. Man entwickelt im Laufe der Jahre zwar eine gewisse Geschicklichkeit zur Umschreibung von Dingen oder Personen, aber das hilft nicht, wenn man diese Tricks auch noch vergißt.

Das geht uns allen so. Ihr Publikum hätte dafür Verständnis.

Das tröstet mich.

Sie haben vor knapp dreißig Jahren schon ältere Herren gespielt. Von heute aus beurteilt: Waren Sie gut?

Ich fürchte, ja. Das habe ich von meinem Vater. Er hat mit Wonne zu Hause alte Männer parodiert. Als er selber alt wurde, machte er das immer noch und spielte mit siebzig einen Neunzigjährigen. Ich lebe inzwischen mit dem Vorteil, mich nicht mehr verstellen zu müssen, um mich wie ein alter Mann zu bewegen.

Ist es nicht eine Gnade, sich nicht verstellen zu müssen? Keiner erwartet von Ihnen, daß Sie jünger auftreten oder gar eine junge Freundin haben.

Ich bemerke sehr wohl, mit welchem Geschick Sie versuchen, mich bei Laune zu halten.

Kann man lernen, mit dem Altern umzugehen?

Notgedrungen. Ein gewisser Fleiß ist angebracht.

Gibt es am Altwerden denn gar nichts Schönes?

Man weiß endlich das Notwendige vom Überflüssigen zu unterscheiden. Auch das globale, gemeinsame Altern hat was sehr Beruhigendes.

Sie sind wohlhabend, werden geliebt; Ihre Familie ist wohlauf, Sie sind Ehrenbürger von Münsing und Brandenburg. Es gibt für Sie keinen Anlaß zur Beschwerde.

Dafür bin ich auch sehr dankbar und freue mich über jeden Tag, an dem ich noch erwache.

Gibt es Momente, wo Sie aufwachen und nicht mehr wollen?

Sie meinen diese zeitgemäße, weit verbreitete Morgenmelancholie? Die ist nach zehn Minuten vorbei.

Denken Sie dann über den Tod nach?

Na, das ist vielleicht ein heiteres Interview!

Sie kommen aus einer großen Familie. Hilft das?

Wie man's nimmt. Zwölf meiner Altvorderen hängen bei mir an der Wand und lassen mich nicht aus den Augen.

Haben Sie Angst vor dem Tod?

Die Vorstellung einer längeren Krankheit will mir nicht gefallen…

Was empfinden Sie dabei, daß in sämtlichen Redaktionen Deutschlands Ihr Nachruf in der Schublade liegt?

So sehr ich auch in mich hineinlausche: Ich empfinde nichts.

Was kommt nach dem Tod?

Der Himmel, hoffe ich. Ich habe mir meinen Kinderglauben an den lieben Gott bewahrt.

Wissen Sie, was auf Ihrem Grabstein stehen soll?

Zweckmäßig wäre es, wenn der Name darauf stünde.

Haben Sie den Eindruck, sich mit dem Alter zu verändern?

Man glaubt, die offensichtlich unveränderte innere Jugendlichkeit sei auch äußerlich noch erkennbar. Irrtum!

Sind Sie besorgt um Ihre Gesundheit?

Natürlich. Wegen meiner gelegentlichen Auftritte. Es ist unerfreulich, wenn das Publikum den Atem anhält vor Angst, der greise Künstler könne auf der Bühne stolpern oder in Ohnmacht fallen.

Tun Sie was dagegen?

Vor einiger Zeit ging ich mal zu einem Check-up ins Krankenhaus. Ich meldete mich unter einem falschen Namen an, damit die Presse mir nicht auf die Pelle rückt. Ich lag mit einem alten Mann im Zimmer, der beharrlich schwieg. Nach drei Tagen sagte er: »Wissen Sie, wie Sie aussehen?« Und ich: »Wie denn?«

Er: »Wie der Dings aus dem Fernsehen.« – »Wer?« –
»Na, der Fuchsberger.«

Halten Sie sich fit, treiben Sie Sport?

Ich sage mir *Hamlet*-Monologe auf, die ich noch aus
der Schulzeit kann. Aber das wollten Sie wohl nicht
hören. Ich glaube, daß mir das Leben weniger gefiele,
wenn ich es durch tägliches, stundenlanges Training
zu verlängern trachtete. Allerdings ist diese Methode
nur mit Vorsicht weiterzuempfehlen.

Sind Sie altersmilde oder altersstreng?

Sie meinen altersstarr? Dieser Starrsinn ist nicht nur
negativ. Für einen alten Mann gibt es keinen Grund,
mit der eigenen Meinung hinter dem Berg zu halten.
Das wirkt vielleicht manchmal unbeweglich, ist aber
ein Zeichen von Freiheit. Auch die Vorliebe für feste
Rituale macht zwar den Eindruck von Starrheit, aber
damit kann ich leben.

Kann man sich bei Ihnen gar nicht vorstellen.

Doch. Ich beharre darauf, Günther Jauch und *Wer
wird Millionär?* zu sehen.

Wie weit kommen Sie denn da?

Die Leiter meines Erfolges ist beschämend kurz.
Manchmal fliege ich nach der 500-Euro-Frage raus,
weil ich den Namen einer Popgruppe nicht weiß. Weiter oben wird es für mich dann leichter.

Und was ist mit der Altersmilde?

Ich habe eine ziemliche Schafsgeduld.

Bereuen Sie etwas?

Leider weiß ich, daß ich nun nicht mehr gutmachen kann, was ich bereue.

Zum Beispiel?

Mir wäre lieb, wenn ich am Ende unseres Gespräches noch Geheimnisse hätte.

Würden Sie gern noch etwas ganz Außergewöhnliches tun? In den Weltraum fliegen und die Erde von oben ansehen oder so etwas?

Nicht geschenkt.

Haben Sie mal die Befürchtung gehabt zu scheitern?

O ja – 1979, kurz bevor ich für einen Sketch die Berliner Philharmoniker dirigierte.

Für einen Musikliebhaber muß das ein Traum sein.

Das war es. Aber auch ein Alptraum.

Warum?

Da sitzen ja nicht irgendwelche Leute, sondern 120 Spitzenprofis. Und es ist ein Unterschied, ob Sie zu Hause im Wohnzimmer eine CD dirigieren oder im Konzertsaal die Berliner Philharmoniker. Ich ging also zur Probe und merkte unterwegs, wie ich beklommener und beklommener wurde. Ich zog mich aufs Pult und dachte, du bist vollkommen verrückt, dich in so eine Situation zu bringen.

Und wie war es dann?

Ich war zutiefst überrascht, als auf mein Zeichen tatsächlich Beethoven zu hören war. Als ich meine Sinne wieder einigermaßen gesammelt hatte, klopfte ich ab und sagte zum Konzertmeister: »Ich habe den Eindruck, wir sind ein bißchen zu langsam.« Darauf er: »Dann dirigieren Sie doch schneller.« – »Was denn, Sie richten sich wirklich nach mir?« Da blieb dann nur noch die Flucht nach vorn. Ich werde es nie vergessen.

Was fasziniert Sie so an Richard Wagner?

Das ist schwer zu beschreiben. Ich war etwa Mitte Dreißig, als mich der *Tristan*-Akkord traf wie ein elektrischer Schlag. Er eröffnete mir eine neue musikalische Welt, die seither zu meinem Leben gehört.

Aber Ihre Verehrung hinderte Sie nicht daran, den Ring von 16 Stunden auf einen Abend zu kürzen und humoristisch zu kommentieren.

Sie glauben nicht, wie viele Wagnerianer und Wagner-Gegner sich überzeugen ließen.

Ihre Arbeit war nie politisch.

Sie war nie parteipolitisch.

Hatten Sie Angst, es sich mit Teilen Ihres Publikums zu verderben?

Nein, aber ich halte künstlerische Popularität für ein unfaires Wahlkampfmittel. Künstler überzeugen ja nicht durch bessere Argumente, sondern durch ihren Bekanntheitsgrad.

Sie stellten einen Teil Ihres Vermögens für wohltätige und kulturelle Hilfe zur Verfügung. Was bedeutet Ihnen das?

Ich gebe nur etwas von dem zurück, was ich dem Wohlwollen der Öffentlichkeit zu verdanken habe.

Sie waren auch in der DDR ein großer Star. Fanden die Sie nicht bourgeois?

Sie wußten, daß ich immer um Ausgleich bemüht war. Man lud mich nach Ostberlin, Weimar und Rostock zu Ausstellungen ein, meine Bücher wurden dort verlegt, und wir haben meinen ersten Film *Ödipussi* im Osten uraufgeführt.

In der DDR?

Ja. In Ostberlin war die Premiere um 17 Uhr und erst abends im Westen. Im Ostberliner Kino sagte ich dem Publikum, ich müsse mich schon sehr wundern, wie viele Genossen um diese Zeit im Kino sitzen, statt am Sozialismus zu arbeiten. Bei aller Tragik der Verhältnisse hatte es einen großen Reiz, die Mauer zu unterlaufen. Es hat mich immer schockiert, daß es eine westdeutsche Generation gab, für die das geteilte Deutschland vollkommen selbstverständlich war, ohne jede Neugier nach drüben – von Sehnsucht ganz zu schweigen.

Fühlen Sie sich als Preuße?

Ja, gewiß. Ich bin zwar seit 45 Jahren glücklicher Oberbayer, aber in Preußen geboren und aufgewachsen wie meine Vorfahren. Und dabei wollen wir es nun auch bewenden lassen. Mir wird ganz elend bei dem Gedanken an die verbiesterten Diskussionen um dieses verschwundene, erstaunliche Land.

Joachim Kaiser

Loriot, der Schriftsteller

Sehr geehrter Herr Bürgermeister,
meine sehr verehrten Damen und Herren,
lieber Preisträger,

solange meine Worte Ihre Aufmerksamkeit noch nicht
versehrt, Ihre Geduld noch nicht strapaziert, Ihre
Munterkeit noch nicht in matten Überdruß verwandelt haben, zitiere ich lieber rasch Loriot. Seiner
Kunst muß man nämlich mit Frische, mit Scharfsinn
und Scharfgefühl zuhören. Er, Loriot, der Schriftsteller, schreibt beispielsweise als Einführung zu seinen
Fernsehtexten Folgendes:

*Dramatische Werke soll es seit etwa zweitausendfünfhundert Jahren geben. Das kann stimmen, es gab in Berlin schon
Theateraufführungen, als ich noch ein Kind war. Man spielte
damals Stücke von Shakespeare, Molière, Lessing, Goethe,
Schiller, Kleist, Ibsen, Strindberg, Hauptmann und ähnliches.
Heute sind die genannten Autoren unbekannt und ihre Werke
in Vergessenheit geraten. Das Publikum ist anspruchsvoller*

geworden. Es erwartet die dramatische Verarbeitung von Problemen aus dem eigenen Lebensbereich.

Infolge mannigfaltiger Belastungen durch Beruf, Familie und Freizeit ist der moderne Mensch jedoch kaum noch imstande, sich auf ein mehrstündiges Bühnenwerk zu konzentrieren. Aus diesem Grunde überschreitet so gut wie keines meiner Dramen eine Länge von fünf Minuten. Damit sind sie dem biologischen Rhythmus von Menschen und weißen Mäusen angepaßt. Nur der Bildschirmzuschauer hat die Möglichkeit, während der Vorstellung flüssige und feste Nahrung zu sich zu nehmen, zu telefonieren oder sich auf andere Weise frisch zu halten. Das Fernsehen bietet somit den geeignetsten Rahmen zur Begegnung mit zeitgenössischem Bildungsgut. Das hat mich bewogen, für dieses Medium zu arbeiten.

Sehr vergnüglich ist das zu lesen, meine sehr verehrten Damen und Herren – aber erst beim Abschreiben dieses Textes habe ich wirklich genau feststellen können, wie enorm gut Loriot, der Schriftsteller, diese 20 Zeilen gemacht hat. Ganz klar sind die Aussagen, die Darlegungen des Textes, und ebenso deutlich ist, daß der Text genau das Gegenteil von dem meint, was er zu sagen scheint. Die Argumentation ist schlüssig – und widerlegt sich schlüssig. Was als positiv hingestellt wird, erweist sich als dümmlicher Zeitgeist; was als veraltet bezeichnet wird, lebt auf als Kanon erhabener, großer Literatur. Die hochherzige

Begründung, man erwarte Probleme aus dem eigenen Lebensbereich, sei anspruchsvoller geworden − sie birgt schlicht die idiotische Verklärung einer klassenlosen Gesellschaft der Banausen.

Soweit sozusagen die beiden perfekt gemachten Totalitäten des Textes als Ganzem. Die Formel »Ironie« reicht dafür nicht aus, trifft die komplexe Sache schon zu wenig. Denn im einzelnen enthält jeder Satz noch Widerhaken, Widersprüche oder herrlich unsinnige Differenzierungen.

Wie macht Loriot das? Er weist auf die Entstehung des Theaters vor 2500 Jahren hin. Das kann er belegen, es gab ja dergleichen schon, als er noch ein Kind war. Ein mittlerweile ziemlich altes Kind, offenbar. Es muß sich so um 2000 Jahre handeln. Dann folgt eine Bindestrich-Soziologie der Belastungen, denen wir arme, darum des Fernsehens bedürftige Erdenbürger ausgesetzt seien. Belastungen, wer wüßte es nicht, durch Beruf, Familie und Freizeit. Und hier läßt der Stabreim zusammenwachsen, was als Belastung nicht zusammengehört, aber im Grunde eben doch: Familie und Freizeit. Hinzu kommt als biologische These: der Lebensrhythmus von Menschen und weißen Mäusen. Wieder dient Stabreim als sozusagen Indiz von wissenschaftlichem Genie-Simulantentum. Weiter: Man kann beim Fernsehen zunehmen, aber nur an Kalorien. Fabelhaft hier der völlig überflüssige Einsatz von differenzierendem Medizinervokabular: »flüssige und feste Nahrung«. Das ist eine witzige Überbestimmung, man nennt dies Redundanz, und wirkt doch unanfechtbar exakt. So steht also hier die Tendenz des Gesamten wie des Einzelnen schräg zueinander, alles ergänzt sich und widerspricht sich. Und dabei liest sich der Text ganz wunderbar leicht — während meine Interpretation uns den Erkenntnisschweiß auf die Stirn trieb. So kann Loriot schreiben, Loriot der Schriftsteller.

Die Texte entsprechen oft genug allgemein menschlichen Erfahrungen. Die Bilder leider meistens auch. Da wird kein einer traditionellen Humordefinition dienender Gegensatz konstruiert zwischen idealer Erwartung und komischer Enttäuschung. Sondern wir finden normale Sätze und einleuchtende Bilder. Aber warum und woher die Lachtränen? Weil die Sätze nicht recht zu den Bildern passen. Der Gegensatz, der Zwischenraum zwischen Gesetztem und Gezeichnetem, erweist sich als gespenstisch ergiebig, und verdutzt lachend stürzen wir hinein. Beispiel: Ist es komisch, wenn ein Pferd zur Schindmähre abmagert? Eigentlich nicht – das wissen wir Gebildeten ja alles schon seit dem *Michael Kohlhaas* von Kleist. Weiter: Ist es komisch, wenn eine Dame zeitgenössisch gefällig zum Ausdruck bringt, systematisch betriebenes Reiten führe unbedingt zur Gewichtsabnahme? Gewiß ist das nicht komisch, man weiß ja, wie sehr dicke Menschen psychisch leiden. Nur, wir sehen die Reiterin vorher und nachher und stellen dabei fest: Nicht etwa sie, sondern der Gaul ihres Reitsport-Eifers ist zum Skelett abgemagert – und das wirkt abgründig komisch.

Einzig an diesem Kontrast-Prinzip und in diesem Kontrast-Prinzip erkenne ich eine Verbindung zwischen Vicco v. Bülow und Richard Wagner. Vicco ist ja ein leidenschaftlicher Bayreuthianer, wie ich übrigens auch. Nun versuchen Bülow-Interpreten, die meist von Wagner so wenig wissen, daß sie unbelehrbar glauben, die Tetralogie hieße *Der Ring der Nibelungen* – das müssen ja viele sein –, er heißt aber anders –, nun versuchen diese Wagnerianer/Nichtwagnerianer immer wieder eine Ähnlichkeit herzustellen, die doch dasein müsse zwischen Loriots Gesamtkunst und dem Gesamtkunstwerk Wagners. Diese Ähnlichkeit besteht aber auf den ersten Blick keineswegs und auf dem zweiten auch nicht. Bülow geht es ums Abrunden, ums Vervollkommnen, um die perfekte Form, die Komik erzeugt – und gerade nicht um Richard Wagners Lastwagen zum Himmelreich, um Wagners Riesen-Tragik, um Wagners chromatisch-erotische Bejahung oder Verneinung der Welt.

Einziger Verbindungspunkt: Text und Musik entsprechen bei Bülow wie beim sträflich unterschätzten Wort-Dichter Wagner sich gerade nicht. Die geläufige Opernführer-Unterstellung, Worthandlung werde sozusagen von der Musik verdoppelt, ist ja falsch. Wotan triumphiert, aber dabei hört man das Götterdämmerungs-Motiv. Wenn die Sieglinde noch gar nicht weiß, wie ihr geschieht, umarmt sich ihr Leitmotiv mit dem Siegmunds. Und wer nicht jedes Wort des Textes genau kennt und versteht, der langweilt sich tödlich im *Rheingold* wie im *Tristan,* weil er solche Spannung gar nicht begreift. Diesem Kontrast zwischen strukturalistischem Leitmotiv-Netz einerseits und Handlungs-Vernetzung andererseits — dem entspricht bei Loriot oft genug der Gegensatz zwischen wörtlich Behauptetem und bildlich Gestaltetem. Sonst besteht keinerlei Bezug zur Wagnerschen Welt.

Vicco v. Bülows Kunst, diese spannungsvolle Mischung aus Text, Bild, Schauspielerei, Menschenkenntnis und Menschenhaß, Weiberkenntnis und Weiber- …, Frauenkenntnis also, Bülows Mischung ist eine bemerkenswerte Darstellung, doch von etwas ganz anderem.

Sein Lebenswerk, meine Damen und Herren, stellt ein politisches Ereignis dar. Jetzt glauben Sie, Sie hätten sich verhört, oder ich hätte mich geirrt. »Politisches« und nicht etwa »humoristisches« oder »künstlerisches« Ereignis, was dieses Lebenswerk natürlich auch ist... Die Bülow-Kenner unter Ihnen – und wer hier wie in ganz Deutschland wäre das nicht? –, diese Spezialisten könnten hier triumphierend gegen meine gesellschaftlich-politische These ins Feld führen, was ja auch Patrick Süskind so zwingend dargelegt hat: Bülow, so schrieb er, bediene sich keineswegs komischer Mittel, um gesellschaftliche Zustände zu beschreiben. Sondern: Für Loriot sei das Komische nicht Mittel, sondern vielmehr Endzweck. Der arbeite nicht für oder gegen Linke oder Rechte, sondern er bediene sich ihrer, damit wir lachen können. Und was wäre daran politisch?

Meine Damen und Herren, immer wenn jemand über einen Humoristen spricht, ist es ungeheuer ernst, das kenne ich schon. Vorlesungen, die ich in meiner Studentenzeit hörte, über Todesstrafe, über Tragödien, die waren oft sehr komisch. Aber wenn der Professor erläuterte, was ästhetisch komisch ist, dann herrschte schweißtreibende Schwerfälligkeit. Das liegt in einer Unnatur der Sache und auch dessen, der darüber redet. Immerhin, wir sind jetzt dabei, das Politische von Loriot zu bestimmen, und das ist nun wirklich eine ernste Sache. In Isaak Bashevis Singers abgründig komischer Story, die heißt *Ein Scherz,* wird über eine Frau behauptet, fast ohne Vorwurf, so als bare Selbstverständlichkeit: »Sie ist eine Deutsche und hat keinen Sinn für Humor.« So sieht man uns eben. Und betonen nicht viele deutsche Zeitkritiker sozusagen rund um die Uhr, daß es in hiesigen Zuständen erbärmlich fehle an Beweglichkeit, an Brillanz, an Pfiff, wohl wegen lauter selbstsüchtiger Nabelschau und ideologischer Verbohrtheit. Auch Erich Kästner fragte mal nur so zum Schein: *Sind wir so unbefangen heiter wie die Südländer? Besitzen wir den Esprit der Franzosen? Oder die Selbstironie und das Understatement der Angelsachsen? Haben unsere Staatsmänner Witz? Wird in unseren Parlamenten, außer wenn sich ein Redner verspricht, gelacht?*

Trübe Sätze! Ich sehe Ihren Mienen an, meine Damen und Herren, wie trist unsere ehrlichen Antworten wären auf Erich Kästners Suggestivfragen. Zu deutsch: Wir Deutschen haben keinen Humor. Die Welt weiß es, und wir bejammern es.

Doch stimmt dieses triste Fazit? Trifft es wirklich zu? Ich bin da anderer Ansicht. Deutsche Musik etwa ist heiterer, menschenverbindender, menuettvergnügter und scherzhaft witziger als die eher preziöse, feinsinnige französische E-Musik; und sie ist auch eigentlich gemütlicher, die deutsche, lustiger als der geniale Rossini, in dessen meisterhaften Finali Figuren wie Ballett-Puppen herumwirbeln...

Ich will jetzt mit der Sprache heraus: daß wir Deutschen keinen Humor aufzuweisen haben – es hängt in der Literatur und in unserem Leben mit der *Sprache* zusammen. Die hat sich nämlich nicht höfisch in langer, geistvoller Konversations-Tradition höfisch und höflich entwickeln können, die schuf, so Ernst Jünger, allzu wenig höhere Gemeinplätze der Konversation, auf denen man sich bewegen kann. Auch das Wort »Boulevard-Komödie« – wenn man im öffentlichen Theater was Lustiges sehen will – deutet mit Recht auf fernen Ursprung hin. Der Boulevard geht nicht durch deutsche Städte. Ohne Frankreich, England und sogar Rußland oder die USA hätten wir in unseren Komödien-Häusern auch verdammt wenig zu lachen – und die *Minna von Barnhelm,* der *Zerbrochene Krug* oder der *Biberpelz,* die schrammen ja sowieso nah an der Tragödie vorbei, sind kaum zum Totlachen. Man kann die großen deutschen Komödien wirklich an den Fingern einer Hand abzählen. Und wenn ein paar Finger fehlen, dann macht es auch nichts...

Also: Unsere Sprache macht uns das Mitmenschliche, das schlendernde, heitere, geistvolle Miteinander sehr schwer. Das alles kann unsere Musik so gut, aber die Sprache nicht. Hofmannsthal hat mal geäußert: Wer im Deutschen nicht ganz individuell schreibt, schreibt schon schlecht. Das käme keinem gebildeten, klassischen Franzosen so in den Sinn. Wunderbar ist im Deutschen die sogenannte Hoch-Sprache. Ob es etwas wie den *Faust II,* wie Hölderlins Hymnen, wie die Gewalt der Lutherschen Bibel-Übersetzung, wie die Sehnsuchts-Poesie Eichendorffs in anderen Sprachen überhaupt gibt? Ich zweifle. Also: ungeheure Hoch-Sprache. Und Dialekte. Tolle Dialektkomödien. Der fabelhafte, aller Angeberei unendlich ferne Realitätssinn des Bayrischen. Das wunderbare, unendlich sinnig abwägende Umständlichsein des Alemannischen. Die Flottheit des Berlinischen. Doch die Mitte, die umgangssprachliche Mitte dazwischen, fehlt. Die Mitte, wo wir gesellschaftlich-zivilisiert und herrschaftsfrei Dialog miteinander führen könnten, die fehlt, die gibt es nicht!

Was ich nun hier andeute, ist nicht nur mein Spleen oder meine Privat-Theorie. Als Franz Kafka seinem Freunde Max Brod mal einen hinreißend klugen Brief schrieb, gegen Karl Kraus, als Kafka sich über das jüdische Mauscheln, das eine *selbstquälerische Anmaßung eines fremden Besitzes* sei, Gedanken machte, da stellte Kafka fest, und nun wörtlich: ... *daß im Deutschen nur die Dialekte und außer ihnen nur das allerpersönlichste Hochdeutsch wirklich lebt* ... – also: »nur die Dialekte und das allerpersönlichste Hochdeutsch«. Und nun Kafka weiter: … *während das übrige, der sprachliche Mittelstand, nichts als Asche ist, die zu einem Scheinleben nur dadurch gebracht werden kann, daß überlebendige Judenhände sie durchwühlen. Das ist eine Tatsache,* fährt Kafka fort, *lustig oder schrecklich, wie man will, aber warum lockt es die Juden so unwiderstehlich dorthin? Die deutsche Literatur hat auch vor dem Freiwerden der Juden gelebt und in großer Herrlichkeit, vor allem war sie,* meint Kafka, *soviel ich sehe, im Durchschnitt niemals etwa weniger mannigfaltig als heute, vielleicht hat sie sogar heute an Mannigfaltigkeit verloren.* Soweit Kafka in seinem hochpersönlich rhythmischen Deutsch. Und das Wörtchen »heute«, das war ein Juni-Tag des Jahres 1921…

Keine deutschen Komödien, nur höchste Kunstsprache oder Dialekt-Lebendigkeit. Widerspricht dem nicht Wien? Das Wiener Lustspiel (Bahr, Hofmannsthal, Schnitzler), der Wiener Schmäh? Nun, dieser Einwand schwächt mein Argument aber nicht, sondern unterbaut es. Denn in Wien, und nicht in Berlin oder Frankfurt oder München, gab es fast ein Jahrtausend lang jene höfische, kaiserlich-königliche, k. u. k. Gesprächskultur, die eine zwischenmenschliche Sprache in sich haben muß, um nicht nur Geblök, Gequassel, dummes Zeug nahezulegen, sondern Anmut, Heiterkeit und Humor.

Und da kam nun Vicco v. Bülow. Er brachte ein Wunder fertig oder eigentlich sogar zwei. Denn er vermag mit Worten perfekt umzugehen. Anmutig, heiter, überraschend. Weder quälend banal noch quälend originalitätshaschend, was das Gegenteil ist von menschenverbindend originellem Deutsch. Und das zweite Bülow-Wunder: Obwohl er, Sie erinnern sich an unsere anfänglichen Interpretations-Mühen, obwohl er nie bloß albert, obwohl er nie, fast nie, die subalternen Gelüste der von Morgenstern als Dummköpfe verachteten Leser bedient, wuchs seine Beliebtheit, wuchs die Popularität seiner Figuren, Werke und Scherze tatsächlich im Laufe der Jahrzehnte wie ein heiterer Baum und überschattete die zweite Hälfte des zwanzigsten deutschen Jahrhunderts. Mit zynischem Geschick und Konsumenten-Verachtung kann ein Talent bestimmt viel Geld verdienen. Nicht ohne Ranküne sagte der englische Ästhetiker Matthew Arnold, bei der Kunst gelüste es die Angehörigen der Mittelklasse im allgemeinen nach Kitsch und die Angehörigen der Unterklasse nach Schund.

Doch über solche hämischen Verdikte setzt sich Bülows Sprache mit zielsicherer Anmut hinweg. Die Nation ließ sich durch meinen genialen Freund dazu bringen, über Männlichkeits-Rituale, Herrn Dr. Klöbner, Herrn Müller-Lüdenscheid, über Ödipussi, die

Berliner Philharmoniker, eine verzweifelte Ansagerin und eine weihnachtlich mordende Förstersfrau zu lachen, und zwar auf hohem Niveau. Ja, sogar zu begreifen, daß komische Kunst genauso wiederholungswürdig ist wie der *Hamlet* oder die *Pastorale*.

Vicco v. Bülows Beliebtheit, sein neiderregender Erfolg besagen aber nicht nur etwas höchst Positives über ihn und für ihn, sondern dieser Erfolg besagt etwas Tröstliches, ja Beweiskräftiges auch über die deutsche Humor-Bereitschaft und Fähigkeit. Ein guter Bülow-Satz beschämt und widerlegt das antisensible Sprach- und Sprech-Verhalten von zehn fein grinsenden, aber konfus und schlecht sprechenden Parlamentariern, Professoren, Journalisten. Bülows Kunst ist ein politisches Ereignis. Aber nicht, weil er besserwisserisch politisch herumfuchtelt, sondern weil er besser-rednerisch und besser-zeichnerisch unserem Umgangs-Deutsch, unserer Sprache Würde verlieh, Weltläufigkeit und Witz. Und dies alles, das ist das Wichtigste, keineswegs als feinsinniges und entsprechend folgenloses Eliten-Ereignis. Sondern als eine öffentliche Veranstaltung, die zugleich auch öffentlichkeitsverändernd wirken konnte. Alle wissen es, kennen es, lachen darüber, haben es in ihr Leben genommen. Setzen Sie sich einmal, meine Damen und Herren, in irgendeinen Speisewagen. Essen Sie so, daß ein Spaghetti-Fädchen an Ihrer Backe klebenbleibt. Und daß dieses Fädchen, wenn Sie es diskret entfernen wollen, indiskret an Ihre Stirn gerät, darauf ans Ohr wandert, schließlich wie für alle Ewigkeit am Kinn hängenbleibt. Jeder Mitreisende – ich hab das oft erlebt, an mir bleibt so viel hängen –, jeder Mitreisende wird dann grinsend sagen: »Das ist aber wie bei Loriot.« Und schwärmend beginnt der Betreffende dann, all seine Loriot-Erinnerungen auszukramen.

Das einzige, was mich an diesem Weilheimer Literatur-Preis wundert, ist, daß Du ihn erst so spät bekommst, lieber Vicco. Als hättest Du nicht seit mindestens vier Jahrzehnten Wert und Ehre heiterer deutscher Sprache gerettet, hättest Du nicht rassistisch-antigermanische Vorurteile widerlegt, wir Deutschen verstünden es nicht, komisch zu sein und zu schreiben, weil wir halt weder Humor haben noch schätzen. Das stimmt alles dank Vicco v. Bülow nicht mehr! Nur die Barbaren können Loriots Lächeln widerstehen. Wir anderen aber erliegen ihm selig und preisen seinen Schöpfer mit Literatur-Preisen. Herzliche Gratulation. Ich danke Ihnen.

Loriot

Rede an die Jugend

Man kann sich auf verschiedene Weise blamieren. Zum Beispiel mit dem Versuch, nach Vollendung des 75. Lebensjahres eine Rede an die Jugend zu halten. Schon die schelmisch vorgetragene Behauptung »ich bin auch mal jung gewesen« wirkt ziemlich unwahrscheinlich. Das ist auch gar nicht zu beweisen. Wer hat denn schon gesehen, daß ich klein war? Niemand!

Glaubwürdiger ist doch, daß alte Menschen, sogenannte Großeltern, immer schon alt waren. Und in abgelegenen Teichen darauf warten, von Störchen aufgenommen und nach ruhigem Anflug dort abgeworfen zu werden, wo sie von Nutzen sind. Das leuchtet ein.

Aber wie funktioniert das mit Vater und Mutter? Es ist doch verhängnisvoll, daß Eltern früher auf die Welt kommen als ihr Kind. Dadurch entwickeln sie vorzeitig ein ungutes, durch nichts begründetes Überlegenheitsgefühl.

Kämen Eltern und Kinder gleichzeitig auf die Welt,

wüchsen sie gemeinsam, in wohltuender Chancen-gleichheit in ihre Aufgaben hinein. Wieviel Verständ-nis hätte dann der Jugendliche für die Irrtümer seiner Eltern, wieviel nachsichtiger verliefe jede Meinungs-verschiedenheit!

Nur wenn Vater, Mutter und Kind gemeinsam spre-chen lernen, finden sie die nötige Gelassenheit für den Austausch pädagogischer Argumente.

Aber so weit sind wir eben noch nicht. Bis auf wei-teres wird die Jugend, auch die neuimmatrikulierte, doch ziemlich allein gelassen mit der Frage: »Wie er-ziehe ich meine Eltern zu ordentlichen, gebildeten Mitgliedern unserer Gesellschaft?« Nicht einmal im Fachbereich Erziehungswissenschaft der FU findet sich ein entsprechender Studiengang.

Es ist sonderbar, aber Eltern sind auch Menschen, und sie sind, was die Herstellung und Aufzucht von Nachwuchs betrifft, so was wie ungelernte Arbeiter.

Niemandem ist es erlaubt, ohne gründliche Ausbil-dung und Führerschein am Straßenverkehr teilzuneh-men, aber zur Produktion eines Kindes – das angeb-lich Kostbarste, was eine Nation besitzt – bedarf es keiner Eignungsprüfung. Nicht einmal Abitur wird verlangt.

Kein Wunder, daß die sogenannten Erwachsenen hinsichtlich der Lebensgewohnheiten der Jugend völlig im dunkeln tappen. Hier bedarf es behutsamer Nachhilfe.

Kinder sollten ihre Eltern rechtzeitig daran gewöhnen, abends nicht zu lange aufzubleiben. Quängelnde, übermüdete Erwachsene benötigen Ruhe, um für die Anforderungen des Lebenskampfes gerüstet zu sein, während die Jugendlichen den endlich freigewordenen Wohnraum nutzen für entspannte Geselligkeit mit ihren gleichaltrigen Freunden. Eine wichtige Übung zur Formung des späteren Sozialverhaltens.

Vor allem sollte genügend Zeit zum Fernsehen bleiben. Die Universitäten neigen dazu, durch ein überreichliches Arbeitspensum das geregelte Fernsehen zu erschweren. Ihr aber solltet nicht nachlassen, vor allem die Werbung intensiv zu verfolgen, die ja leider alle paar Minuten durch unverständliche Spielfilmteile unterbrochen wird. Dann wißt Ihr, was unser Leben so glücklich macht: nicht Wissen, nicht Bildung, nicht Kunst und Kultur... neinnein... es sind der echte Kokosriegel mit Knusperkruste, die sanfte Farbspülung für den Kuschelpullover und der Mittelklassewagen für die ganze glückliche Familie mit Urlaubsgepäck und Platz für ein Nilpferd.

Fundierte Kenntnisse von den Konsumzielen der deutschen Durchschnittsfamilie machen Euch nicht nur für Eure Eltern unentbehrlich. Auch die Industrie richtet sich nach Eurem Geschmack.

Ich betrat vor kurzem ein Schuhgeschäft, um mir ein paar leichte Sportschuhe zu besorgen. Die geduldige Verkäuferin ließ mich sämtliche lieferbaren Modelle anprobieren.

Schon auf den ersten Blick hatten alle eines gemeinsam: Ich sah aus, als sei ich in eine Sahnetorte getreten. Die Dame gab sich keine Mühe, das zu bestreiten, blieb aber ernst.

Als ich ihr meine ebenso schönen wie zweckmäßigen Sportschuhe beschrieb, die ich bisher zu tragen pflegte, deutete sie an, zur Zeit dieser Mode noch nicht gelebt zu haben.

Das war nicht galant, aber ich weiß nun, daß für Greise keine Sportschuhe mehr hergestellt werden. Es sei denn, Großeltern finden sich damit ab, wie verschrumpelte Mickymäuse auszusehen.

Nun sind Sportschuhe nicht das Maß aller Dinge. Wodurch aber bewegt sich unsere Welt? Wie sieht es im Reich der Elektronik aus?

Nicht nur Videorecorder, CD-Player, Autoradios, Taschenrechner und Fernbedienungen, auch Jumbo-Jets, Jagdbomber und Atomanlagen reagieren auf die Berührung einer Unzahl von Bedienungstasten, die für reifere Menschen auch mit Brille nicht erkennbar sind. Nur die Jugend ist mit Sinneswerkzeugen ausgestattet, denen sich die Gegenwartstechnik unterwirft.

Hinzu kommt, daß sich moderne Geräte in den Augen der älteren Generation so gut wie nicht mehr voneinander unterscheiden. Wenn das Handy läutet, und man hält den Rasierapparat ans Ohr, können Sekunden vergehen, die über Leib und Leben entscheiden. Von Zufall kann hier kaum die Rede sein. Vielmehr soll dem als störend empfundenen älteren Menschen die Teilnahme am Fortschritt systematisch verleidet werden.

Ein übriges tut jene Sprache, die nur ein Jugendlicher beherrscht, der am Computer sitzt, um per Internet eine verläßliche Kommunikationsschiene zum Sohn eines Börsenmaklers in Timbuktu aufzubauen. Da wird die Großtante in Ingolstadt wohl noch des längeren auf ein verständliches Lebenszeichen warten müssen.

Diese mürrische Betrachtung mag den Eindruck erwecken, als fühle ich mich nur der Vergangenheit verpflichtet. Das stimmt insofern, als ich, wie alle Väter und Großväter, zutiefst bedaure, meine Erfahrungen nicht weitergeben zu können, weil sie weder erwünscht sind noch glaubhaft erscheinen.

So bleibt mir die Hoffnung, Ihr werdet nicht auf

sämtliche Knöpfe drücken, die Euch eine schranken-
lose Technik zur Verfügung stellt.

Vielleicht seid Ihr dann die erste kluge Generation,
die den wirklichen Fortschritt darin erkennt, nicht alles zu tun, was machbar ist. Ich danke Euch.

Walter Jens

Hochachtung vor der Kunst

Äußerste Professionalität, das bewundere ich an Loriot immer wieder: größte Hochachtung vor der Kunst, Streben nach jener äußersten Perfektion, die sich am Ende ganz leicht geben muß. Dies bedeutet – achte auf das kleinste Detail, es muß alles seine Ordnung haben... Bestimmte Situationen werden in einer äußersten Zuspitzung am Ende so dargeboten, daß sich grimmige Schärfe mit Heiterkeit und Noblesse und souveräner Interpretationsfähigkeit verbindet...

Loriot ist subversiv, weil er niemals, was manche Sachwalter des Status quo so gern wollen, mit einem Ausrufungszeichen endet »So ist es!«, sondern mit einem Fragezeichen. Er stellt die Dinge in Frage. Sein letztes Wort heißt nicht »So und keineswegs anders!«, sondern »Peut-être, vielleicht, ist alles ganz anders«... Loriot erscheint so betrachtet als politischer Autor. Er zeigt, Partie für Partie, immer wieder: So ist es, aber anders wär's besser. Er schaut nicht von oben herab, nie, belustigt sich nicht, sondern er ist ein

Anwalt der kleinen Leute. Er zeigt aus der Froschper-
spektive, wie viel besser es wäre, wenn die Menschen
aufhörten, Wölfe unter Wölfen zu sein…

Daher haben seine Figuren zunächst einmal sehr
viel mit ihm zu tun. Er ist ein Meister der Eigenschaft,
die Fontane die schönste nannte, ein Meister der
Selbstironie. Er nimmt sich immer mit ins Spiel, er
tarnt sich in hundert Figuren, vom Rentner bis zu den
berühmten Herren in der Badewanne etc. Alles geht
schief in den Sketchen, und dennoch ist es so menschlich, so zart und anrührend. Was empfindet der Zuschauer, wenn das Gelächter erstirbt? Ein bißchen
Mitleid mit den Figuren und unendliche Sympathie…

Große Kunst läßt sich auf den Augenblick und die
Stunde ein und transzendiert sie auf diese Weise.
Loriot ist ein Mann, der die Dinge beim Namen
nennt, aber in keinem Augenblick der Beliebigkeit
verfällt. Die Zeit, die er spiegelt, ist vergangen, die
Probleme bleiben. Darum wird er in all seinem Zau-
ber, seiner Noblesse, seinem Scharfsinn und seinem
zupackenden Ernst immer wieder neu entdeckt werden.

Anmerkungen und
Verzeichnis der Quellen

Seite 12

Manuel Gasser, *Glückwünsche eines heimlichen Bewunderers* (Titel vom Herausgeber, eigtl.: *Laudatio für Loriot*). In: *Montrealer Nachrichten,* 23. Februar 1974

Seite 15

Patrick Süskind, *Loriot und das Komische.* Vorwort zum Buch *Loriot,* Diogenes Verlag, Zürich 1993 (das Buch war zugleich der Katalog zu der Jubiläumswanderausstellung in Potsdam, Düsseldorf, München und Hamburg 1993 anläßlich von Loriots 70. Geburtstag), vom Herausgeber leicht gekürzt

Seite 25

Loriot, *Das Frühstücksei.* Aus der Sendung *Loriot,* 16. Mai 1977. In: *Loriots Dramatische Werke,* Diogenes Verlag, Zürich 1981

Seite 28

Angelika v. Bülow, *»Alle Diemirs sind verwandt«* (Titel vom Herausgeber, eigtl.: *Loriot – Mops als Markenzeichen und die Nudel im Gesicht*). In: *Mannheimer Morgen,* 12. November 1993, vom Herausgeber gekürzt

Seite 31

Birgit Lahann, *Mein Abitur* (Titel vom Herausgeber, eigtl.: *»Der totale Krieg«,* in der Serie *»Mein Abitur«,* Folge 6). In: *Stern,* 8. Juli 1982, vom Herausgeber gekürzt

Seite 35

Loriot, *Mein Lehrer Willem Grimm.* Laudatio anläßlich des 80. Geburtstags von Loriots ehemaligem Lehrer an der Landeskunstschule in Hamburg, gehalten in der Freien Akademie in Hamburg am 25. Mai 1984. In: *Sehr verehrte Damen und Herren... Bewegende Worte zu freudigen Ereignissen, Opern, Kindern, Hunden, weißen Mäusen, Vögeln, Freunden, Prominenten und so weiter,* Diogenes Verlag, Zürich 2002

Seite 40

Marion Gräfin Dönhoff, *Preußisch oder Alles aus einem Geiste* (Titel vom Herausgeber). Rede im Museum für Kunst und Gewerbe in Hamburg anläßlich der Eröffnung von Loriots Jubiläumsausstellung am 30. September 1993, vom Herausgeber gekürzt

Seite 44

Loriot, *Besuch bei Saul Steinberg* (Titel vom Herausgeber, eigtl.: *Loriot besucht S. Steinberg*). In: *Twen,* Oktober 1961

Seite 46

Loriot, *Paul Flora.* Laudatio anläßlich des 70. Geburtstags von Paul Flora, gehalten am 20. Juni 1992 in der Kronenhalle Zürich. In: *Sehr verehrte Damen und Herren... Bewegende Worte zu freudigen Ereignissen, Opern, Kindern, Hunden, weißen Mäusen, Vögeln, Freunden, Prominenten und so weiter,* Diogenes Verlag, Zürich 2002

Seite 48

Loriot, *Robert Gernhardt.* Die erwähnte Lesung fand am 4. Dezember 1997 in der Blackbox des Gasteig, München, statt. In: *Sehr verehrte Damen und Herren... Bewegende Worte zu freudigen Ereignissen, Opern, Kindern, Hunden, weißen Mäusen, Vögeln, Freunden, Prominenten und so weiter,* Diogenes Verlag, Zürich 2002

Seite 52

Robert Gernhardt, *Klassiker!* In: *Profil,* 9. November 1998

Seite 55

Loriot, *Feierabend.* Aus der Sendung *Loriot,* 16. Mai 1977. In: *Loriots Dramatische Werke,* Diogenes Verlag, Zürich 1981

Seite 59

Reinhard Baumgart, *Gelassen, heiter, verzweifelt.* In: *Die Zeit,* 11. November 1983

Seite 70

Günther Jauch, *Oh, da wird ja einer umgebracht!* (Titel vom Herausgeber). Transkribierter, vom Autor für diese Publikation überarbeiteter Text aus der ARD-Sendung zu Loriots 75. Geburtstag *(Prominente und Freunde gratulieren),* 12. November 1998

Seite 73

Loriot, *Bundestagsrede.* Aus der Sendung *Cartoon XX,* 18. Juli 1972. In: *Loriots Dramatische Werke,* Diogenes Verlag, Zürich 1981

Seite 75

Loriot, *Erich Kästner* (Titel vom Herausgeber, eigtl.: *Gänseblümchen).* Loriots Rede anläßlich der Verleihung des Erich-Kästner-Preises am 25. Februar 1984 in München. In: *Sehr verehrte Damen und Herren… Reden und Ähnliches,* Diogenes Verlag, Zürich 1993, vom Herausgeber leicht gekürzt

Seite 81

Odo Marquard, *Loriot, der Denker* (Titel vom Herausgeber, eigtl.: *Loriot lauréat).* Laudatio anläßlich der Verleihung des Kasseler Literaturpreises an Loriot am 6. November 1985. In: Odo Marquard, Zukunft braucht Herkunft. Philosophische Essays. Philipp Reclam jun., Stuttgart 2003. Erstmalig veröffentlicht unter dem Titel *Lachen ist Denken. Lob eines Skeptikers auf Loriot.* In: *Frankfurter Allgemeine Zeitung,* 9. November 1985

Seite 90

Loriot, *Literaturkritik.* Aus der Sendung *Cartoon XXI,* 25. Oktober 1972. In: *Loriots Dramatische Werke,* Diogenes Verlag, Zürich 1981

Seite 92

Hellmuth Karasek, *Muttersöhnchen hart an der Pensionsgrenze. Ein Gespräch zwischen Loriot und Hellmuth Karasek* (Titel vom Herausgeber, eigtl.: *»Der Faun und sein Wunschtraum«. Interview mit Loriot über Komik, Umgangsformen und Filme).* In: *Der Spiegel,* Nr. 10, 7. März 1988

Seite 104

Loriot, *Für Heinz Rühmann. Eine Szene zum 90. Geburtstag.* Vorgetragen von Evelyn Hamann und Loriot im Prinzregententheater, München, am 7. März 1992. In: *Sehr verehrte Damen und Herren… Bewegende Worte zu freudigen Ereignissen, Opern, Kindern, Hunden, weißen Mäusen, Vögeln, Freunden, Prominenten und so weiter,* Diogenes Verlag, Zürich 2002, vom Herausgeber leicht gekürzt

Seite 108

Loriot, *»Über die Schwierigkeit, die Bayerische Staatsoper in die Luft zu sprengen«. Eine Diskussion unter Fachleuten.* Diese Podiumsdiskussion nach einem Text von Loriot fand 1973 in der Faschings-Matinee der Bayerischen Staatsoper im Münchner Cuvilliés-Theater statt. Unter der Leitung von Loriot (als Viktor Schmoller) diskutierten drei Intendanten und ein Kritiker. Die Teilnehmer wurden nicht durch Schauspieler verkörpert, sondern stellten sich sozusagen selber dar. In: *Loriots Dramatische Werke,* Diogenes Verlag, Zürich 1981

Seite 118

Fred David, *»Ich resigniere nicht, aber ich leide unter den fragwürdigen Fortschritten unserer Zeit«. Ein Gespräch zwischen Loriot und Fred David* (Untertitel vom Herausgeber hinzugefügt). In: *SonntagsZeitung*, 4. April 1993, vom Herausgeber gekürzt

Seite 126

Loriot, *Professor E. Damholzer*. Aus der Sendung *Cartoon* XX, 18. Juli 1972. In: *Loriots Dramatische Werke*, Diogenes Verlag, Zürich 1981

Seite 130

Peter Michalzik, *Könige im Reich des Geistes. Loriot und Walter Jens über ihre Rolle als Friedrich der Große und Voltaire, über ihre Freundschaft und ihre Ehen.* In: *Süddeutsche Zeitung*, 7. März 1995

Seite 136

Loriot, *Advent*. TV-Cartoonsendung *Cartoon* XI, 7. Dezember 1969. In: *Loriots Kleine Prosa*, Diogenes Verlag, Zürich 1971

Seite 139

Wolfgang Hildesheimer, *Gedanken zu einem Gedicht von Loriot.* (Titel vom Herausgeber, eigtl.: *Loriot: »Advent«* [1985]). In: Wolfgang Hildesheimer, Gesammelte Werke in sieben Bänden. Hg. von Christiaan Lucas Hart Nibbrig und Volker Jehle. Band VII. Vermischte Schriften. © Suhrkamp Verlag Frankfurt am Main 1991

Seite 145

Peter Wapnewski, *Loriot, der Aufklärer* (Titel vom Herausgeber). Peter Wapnewski wurde um diese »Gutachterliche Äußerung zur Person wie zu Werk und Verdienst von Vicco v. Bülow« gebeten, als dieser 2002 vom Akademischen Senat der Universität der Künste Berlin zum Honorarprofessor berufen wurde

Seite 148

Loriot, *... noch Fragen?* Dankesrede anläßlich der Feier zur Berufung zum Honorarprofessor an die Fakultät Darstellende Kunst an die Universität der Künste Berlin, am 1. Juni 2003. Mit dieser Rede antwortete Loriot auf die von Peter Wapnewski gehaltene Laudatio, die hier aufgrund ihrer Länge leider nicht abgedruckt werden kann, in ihrer Quintessenz aber schon in der gutachterlichen Äußerung enthalten ist.

Seite 154

Franziska Sperr, Jan Weiler, *»Altern ist eine Zumutung«. Ein Gespräch zwischen Loriot, Franziska Sperr und Jan Weiler* (Titel vom Herausgeber, eigtl.: *»Mooo-ment«. Das letzte Interview mit Vicco v. Bülow*). In: *Süddeutsche Zeitung*, Magazin, Nr. 25, 21. Juni 2002

Seite 178

Joachim Kaiser, *Loriot, der Schriftsteller.* Laudatio anläßlich der Verleihung des Weilheimer Literaturpreises am 12. Juni 1999 an Loriot. In: *Weilheimer Hefte zur Literatur,* Nr. 48, 1999

Seite 192

Loriot, *Rede an die Jugend.* Dank für die Verleihung des Literaturpreises der Stadt Weilheim am 12. Juni 1999. Die Jury setzt sich aus Schülern des Gymnasiums Weilheim zusammen. Am 28. Oktober, anläßlich der Immatrikulationsfeier, wiederholte Loriot diese Rede vor der Studentenschaft der Freien Universität Berlin. In: *Weilheimer Hefte zur Literatur,* Nr. 48, 1999; sowie in einer leicht gekürzten, hier vorliegenden Fassung in: *Sehr verehrte Damen und Herren... Bewegende Worte zu freudigen Ereignissen, Opern, Kindern, Hunden, weißen Mäusen, Vögeln, Freunden, Prominenten und so weiter,* Diogenes Verlag, Zürich 2002

Seite 198

Walter Jens, *Hochachtung vor der Kunst* (Titel vom Herausgeber). Transkribierter, leicht angepaßter Text aus der ARD-Sendung zu Loriots 75. Geburtstag *(Prominente und Freunde gratulieren),* 12. November 1998

Der Herausgeber dankt den Autoren, Redaktionen und Verlagen für die freundliche Genehmigung, Texte in dieser Festschrift abzudrucken. Falls Rechteinhaber versehentlich nicht aufgeführt sind, ist der Verlag bereit, nach Meldung auf berechtigte Ansprüche einzugehen.